金牌客服口才训练与实用技巧

陆冰 ◎ 著

民主与建设出版社
·北京·

© 民主与建设出版社，2018

图书在版编目（CIP）数据

金牌客服口才训练与实用技巧 / 陆冰著 . — 北京：
民主与建设出版社 , 2018.7
ISBN 978-7-5139-2182-4

Ⅰ . ①金… Ⅱ . ①陆… Ⅲ . ①口才学—通俗读物
Ⅳ . ① H019-49

中国版本图书馆 CIP 数据核字 (2018) 第 122067 号

金牌客服口才训练与实用技巧
JINPAI KEFU KOUCAI XUNLIAN YU SHIYONG JIQIAO

出 版 人	李声笑
著　　者	陆　冰
责任编辑	王　倩
装帧设计	润和佳艺
出版发行	民主与建设出版社有限责任公司
电　　话	（010）59417747　59419778
社　　址	北京市海淀区西三环中路 10 号望海楼 E 座 7 层
邮　　编	100142
印　　刷	大厂回族自治县彩虹印刷有限公司
版　　次	2018 年 11 月第 1 版
印　　次	2018 年 11 月第 1 次印刷
开　　本	710mm×1000mm　1/16
印　　张	14
字　　数	210 千字
书　　号	ISBN 978-7-5139-2182-4
定　　价	42.00 元

注：如有印、装质量问题，请与出版社联系。

在现代的商业经营活动中，客服工作已经成为不可或缺的重要组成部分。而且随着社会的不断发展和进步，客服工作的重要性将会越来越明显，其地位将越来越不可替代。

这是因为，随着经济的发展，人们对生活品质的追求越来越高，购买一件产品的时候，人们不仅会考虑产品的价格和实用价值，还会考虑产品给自己带来的附加价值，如良好的购物体验、个人价值的展现等。人们渴望得到的附加价值越多，客服工作的重要性就越明显，毕竟产品的实用价值相对固定，而附加价值则有广阔的发展空间。

对于客服人员来说，这既是机遇，也是挑战。如果可以抓住发展的大好机会，为客户提供令他们满意甚至是大大超出预期的服务，那就会很容易赢得客户的信任，成为客户眼中的优秀客服。但是从另一个角度来说，机会是留给有准备的人的，这就要求客服人员必须夯实基础，因为只有在专业知识、沟通技巧方面不断提升自己，才能跟上客服行业快速发展的步伐，让自己成为行业中的佼佼者。

几乎每个客服人员都知道，让客户满意是自己工作的目标，但是对客服的定义、沟通方法、实用技巧等，很多人并不是十分了解。这些问题在一些刚进入客服行业的新人身上表现得尤为明显。很多时候，他们只是带着一腔热情投入工作，对自己的工作内容、性质、目标等，并不是十分明确，这就造成了盲目苦干却收不到良好效果的局面。而对于客户来说，他们接受的时常是糟糕的、无法令人满意的服务，这种情况大大影响了客户的情绪，他们对客服人员充满失望甚至绝望，最终导致客户流失。这充分说明，虽然我们非常渴望为客户提供优质的服务，但是真正实行起来却有一定的难度。

为了帮助客服人员适应市场对高质量客户服务工作的要求，并逐渐提升自身的业务水平，我们精心编写了此书。本书并不是一本充斥着各种理论的空泛读物，而是将理论和实践的结合作为重要的切入点。理论是做好客服工作的基础，但如果没有实践，所有的理论都只是空谈而已。另外，书中介绍了许多具有实用价值的技巧，这些实用技巧经过了实践的检验，被证明确实可以达到一定的效果，相信无论是急切地渴望了解客服工作的职场新人，还是已经在客服行业摸爬滚打多年的职场老人，都能从本书中得到有益于工作的知识和启发。通过一段时间的训练和练习，相信每个人的客服能力都能得到一定程度的提高。

在编写本书的过程中，许多朋友及相关领域的专家都提出了宝贵的建议，在此表示深深的感谢！

最后，鉴于笔者水平有限，本书难免有疏漏和不当之处，敬请广大读者给予指正。

CONTENTS
目录

第一章

了解客服，才能做好客服

在很多人看来，客户服务是一项简单的工作，对从业人员的要求并不高，这个行业的门槛也相对较低。甚至连一些客服行业的从业人员，也持有类似并不全面的观点。作为一名客服人员，如果连自己的职责都划分不清，连自己的工作都认知不足，那么是很难把工作做好的，这一点毋庸置疑。因此，想要从事客服工作，想要成为一名优秀的客服人员，首先应该了解客服的方方面面，对客服具有一个正确而全面的认知。

何谓客户服务

客户服务的工作重点是满足客户的需求，一名优秀的客服人员总能想方设法地让客户感到满意，并能根据不同的客户采取不同的服务方式。

真正的客户服务，应该将满足客户的需求放在首要位置。客户的需求一旦得到满足，就会得到美好的服务体验。这样一来，客户便会对客服人员产生好感，客服人员在工作的时候就能更加得心应手一些。

通常而言，一般意义上的产品是有形的，看得见、摸得着，客户可以通过观察、触摸等方式得到切实的体验；而服务是无形的，只能通过客服人员、服务的环境以及各种便于服务的方式，将无形的服务转化为有形的产品。从某种角度而言，客户服务是"有形"和"无形"的结合体。客服人员在客户服务活动中付出自己的"有形"劳动，让客户得到"无形"的服务体验；客户在得到美好的"无形"服务体验之后，又为自己的美好体验付出"有形"的物质代价。

从中不难看出，客户服务并不是一项简单的工作，不是说客服人员懂得微笑、道歉，知道如何推销产品就能做好的，它是一项复杂的、系统性的巨大工程，不仅需要设备方面的硬件保障，还需要客服人员素质方面的软件维护，以及价值服务方面的价值提升。准确地说，客户服务应该包括以下四个方面的内容：

1. 硬件服务

所谓硬件，指的是技术先进、质量优良的物质设备，这是客服人员为客户提供良好服务的基本条件。

2. 软件服务

有了硬件设备，还要有可以正确操控、使用它们的软件，客服人员的服务态度、技巧及服务方式的多样性等，都是软件服务的重要组成部分。

3. 价值服务

价值服务是客户服务的真正核心，在此过程中，可以给客户带来经济价值、文化价值、社会价值等方面的服务。在产品质量和价格没有太大差异的情况下，能够提供的价值服务越多，产品就越会受到客户的欢迎，客服的工作就越能见到成效。

4. 超额服务

超额服务是指根据客户的不同需求，有针对性地提供相应的服务，使服务和需求达到最佳的匹配度。这种服务要求以客户的需求作为服务的中心和导向，改变了传统的以产品需求为导向的服务方式。

想成为一名金牌客服，必须明白一点：客户想要得到的不仅是产品和服务，还有其相应的价值。如果想提高客户的满意度，不仅要为客户提供基础的产品服务，还要提供一些超额服务，也就是给予客户一些额外的附加价值，给他们一些意外惊喜。

在客户享受由产品和服务带来的满足感的过程中，客户服务是不可或缺的一个重要环节。优质的客户服务工作，可以让客户得到更大限度的满足感。而满足客户的需求，恰恰是客服人员的职责所在。对于客服人员来说，通过自己的努力赢得客户的肯定和赞赏，是对自己的最大认可和褒奖。

[重点回顾]

1. 服务产品是无形的，客服人员需要通过优质的服务环境、服务方式等，将无形的服务"有形"地展现在客户面前。

2. 作为一名金牌客服人员，不仅要为客户提供基础的产品服务，还要为他们提供一些出乎他们预料的超额服务。

职责范围内的事，都不是小事

> 作为一名客服人员，必须了解自己的职责范围，这样才能有的放矢地投入工作，准确而及时地为客户提供良好的服务，让客户享受更好的服务体验。

随着社会的发展和生活水平的提高，人们不仅越来越重视产品给自己带来的实际效用，还对服务质量提出了越来越高的要求。这就要求客服人员要与时俱进，不断提高自己的专业水平和职业素养。

每一名金牌客服人员，都是在自己的职责范围之内，从最基础的事情做起，一点点总结和积累，最终才得到了客户的认可。想要提升自己的工作能力，就不能忽视基础工作，只有夯实"地基"，才能获得更好的发展契机。做好以下几项工作，将有助于客服人员提高自身的服务能力和水平。

1. 收集客户信息

客户的需求总会随着外界环境的变化而变化。经常收集客户的信息，并不断进行分类和整理，可以有效应对客户的需求变化。通过收集信息，不但可以尽快提供令客户满意的产品和服务，还能尽快发现并改进自己的不足。

2. 维护与客户的关系

收集到客户的信息之后，要与客户定期保持联系，并在特殊的日子（如客户生日、节假日等）对客户表达祝福，以此联络感情，维护并增加自己的客户群体。

3. 认真而及时地处理客户的投诉

即便是金牌客服，也无法保证工作过程中毫无纰漏。当客户投诉的时候，应该以认真的态度及时进行处理，在弥补工作失误的同时，尽量给客户留下良好的印象。

4. 努力提升客户的满意度

客户服务是一个长期而复杂的过程，从第一次接触客户开始，到客户购买产品或服务之后，客户服务应该始终持续进行，通过有规律的、长期的联系、反馈等，努力提升客户的满意度。

对于上述四项工作内容，客服人员应当时刻加以注意，通过长期的实践和练习，个人的能力将得到很大的提升，到那时，工作就会变得得心应手起来。

李娜刚刚进入客服行业时，对自己的工作并不是非常了解，她遇到了很多问题，还经常遭遇客户的投诉。一旦遭遇投诉，她的工作热情便会受到打击，对于那些投诉她的客户，她总是退避三舍，完全不知道应该如何与其沟通，更谈不上维护客户关系了。

面对这种局面，李娜有些手足无措，她知道，如果自己的工作情况再没有改善，她将面临被辞退的窘境。于是，她向公司的前辈请教提高能力的方法，并按照前辈的指点努力展开工作。

李娜积极地收集客户信息，并根据客户的不同需求将他们分成不同的类别，她将这些信息一点一点地记到脑子里，尽量在适当的时间与客户分别进行联系，尽管心中依然有些忐忑，而且最初的效果并不是太好，但她没有气馁，一直坚持去做前辈要求她做的事情。

慢慢地，李娜收集和整理的客户信息越来越多，头脑中储存的客户信息也越来越多。当她能够越来越轻松地按照客户的需求提供相应的产品和服务时，她遭到的投诉也越来越少。李娜原本认为，随着客户的增多，客服工作会变得越来越困难，可是随着客户满意度的不断提高，她的自信心也越来越强，这让她有了更多的精神和动力，为客户提供更加优质的服务。

在不断的坚持和努力中，李娜的服务能力越来越强，客户对她的满意度也越来越高，她终于成了一名优秀的客服人员。

李娜所做的事情，都在自己的职责范围之内，虽然它们只是一些基础的工作，可是经过长期的积累，终于从量变到质变，使得李娜从一个"门外汉"变成了优秀的客服人员。

对于客服人员来说，职责范围内的任何事情都不可忽视，即便有些事情看似简单，也应该保持重视的态度。从某种意义上说，工作之中无小事，如果能将一件简单的事情做到极致，那么这件事情就不再简单了。

[重点回顾]

1. 客户的需求总会随着外界环境的变化而变化，这就要求客服人员要与时俱进，不断适应和满足客户的需求。

2. 职责范围之内的事情，即便只是基础工作，也要努力做好。只有夯实基础，才能实现从量变到质变的飞跃。

正确的理念，是客服工作的基础所在

> 对于客服人员来说，仅仅埋头苦干是远远不够的。如果没有正确的服务理念作为引导，那么就会像在沙漠中失去罗盘一样，很难找到正确的前进方向。

通常而言，一个人的思想往往决定着他的行为方式。从这个角度上说，在客服工作中，客服人员的服务理念决定了他所能提供的服务的质量，因此可以说，正确的理念对于客服工作具有十分重要的意义。

只有坚持正确的理念，才能为客户提供更好的服务；只有更好地为客户服务，客服工作人员才能获得更多的认可；只有获得客户的认可，客服工作人员才能体现其工作价值和人生价值。从中不难看出，正确的服务理念，是客服工作的基础所在，它就像灯塔一样，指引着客服工作的前进方向。作为一名优秀的客服人员，需要时刻重视以下四种理念：

1. 客户就是上帝

客户是客服人员服务的对象，只有为客户提供令其满意的服务，才能获得客户的认可，赢得客户的信任，拉近与客户之间的距离，进而使客户消费更多的产品。

毕竟，一种产品的优劣及服务工作的好坏，都是由客户说了算的，只有让客户满意，才算是合格的客户服务。所以说，想要提升客户的满意度，就应该秉持"客户就是上帝"的理念，想客户之所想，急客户之所急，设身处地地为客户提供他们所需要的服务。这样一来，客服工作便能轻松走上正轨，客服工作人员的努力也更容易见到成效。

2. 用真诚换来客户的信任

对于客服人员来说，真诚的态度有助于赢得客户的信任。可是，很多客服人员并没有认识到这一点，面对客户的投诉，很多客服人员选择以推诿的方式进行处理，刻意从客观方面对客户的投诉进行解释。这些客服人员自以为将问题归咎于客观因素，客户对产品本身的质疑就会减少。殊不知，客户投诉的时候往往都带着不满的情绪，他们需要的是一个合理的解决方案，而不是听到客服人员的种种借口。客服人员越是寻找客观因素，越会让客户感觉这是在推卸责任，是对自己的一种不尊重，对于这样的客服人员，客户的印象自然不会太好，从而导致双方的沟通无法达到应有的效果。

与其如此，倒不如开诚布公地与客户进行交流，对于已经产生的问题，以真挚的态度去面对，以积极的态度去解决，这会让客户从心底里对客服人员产生认同感，对双方的交流将起到良好的推动作用。

3. 尽力让客户满意

无论面对什么样的客户，"让客户满意"都是客服人员应该努力追求的目标。有些客服人员或许会遇到这样的情况：即便给了某个客户很多的优惠条件，或是解决了他提出的问题，他依然对很多事情表示不满。对于这样的客户，很多客服人员会觉得十分头疼，甚至希望避而远之。但是，逃避就能解决问题吗？当然不能！如果只是敷衍了事，很可能会引起客户的再次不满。既然如此，我们不妨换种思路：越是难缠的客户，越是对自己的一种磨砺，如果连这样的客户都能应对，那么我们的客服水平必然会上升一个台阶。

每个客户都有表达诉求的权利，即便有些诉求难以满足，甚至不切实际，客服人员也应该尽最大的努力给予满足。这是一种良好的服务态度，能向客户展现我们愿意为其倾尽全力的意愿。

4. 超出客户的期望

设身处地地想一想，如果我们是客户，购买了别人的产品，接受了别人的服务，我们是不是也会希望性价比能够高一些呢？如果答案是肯定的，那么作为客服人员，就应该努力为客户提供超出他们预期的服务，这样才能在无形之中得到客户更多的认可，客服人员的工作也就变得更有价值和更有意义了。

要知道，人都是有期望的，当客服人员可以为客户提供超出他们预期的产品和服务时，客户自然会对客服人员另眼相看，这对客服人员是大有裨益的。

在工作的过程中，某些客服人员并没有对自己的服务理念予以足够的重视，这使得他们无法以良好的态度和情绪去处理客户反映的问题，以至于给客户留下了糟糕的印象，从而影响了与客户的沟通，令个人价值受到了一些不良的影响。

客服人员想要赢得客户的认可，就要树立正确的服务理念，因为只有在正确理念的引导下，才能有的放矢地展开工作，给客户带去更好的消费体验。

[重点回顾]

　　1.思想决定行动，客服人员想要提供优质的服务，令客户得到满意的体验，就要以正确的理念作为引导。

　　2.将客户视作上帝，以真诚的态度为客户提供令其满意甚至是超出其预期的服务，这是优秀的客服会做的事情，也是赢得客户的基础。

金牌客服需要金牌口才

对于客服来说，与客户沟通是日常工作中不可或缺的重要组成部分。想要与客户进行良好的沟通，并获得客户的认可，具备良好的口才显然是一个很大的优势。

在客服的工作内容中，与客户沟通是十分重要的组成部分；而在沟通的过程中，良好的表达能力则是不可或缺的。良好的口才有助于客服人员更好地描述产品、提供服务，在客户心生疑惑的时候，也能更好地为客户进行解答。整体而言，一个口才良好的客服人员，显然比口才不佳的客服人员具有更多的优势。

口若悬河的表达能力让人心生羡慕，可是想要有良好的口才，并非一朝一夕的事情，它需要一个长期的过程，也需要坚持不懈地练习。优秀的口才，不仅需要流利的表达，也需要审时度势，懂得说一些客户喜欢听的话。

1. 多说一些赞扬客户的话

在沟通的过程中，客服人员应当逐步摸清客户的喜好、优点、特长等，在这些方面做些文章，多说一些夸奖、赞扬他们的话，这样能让客户放松警惕、敞开心扉，与客服人员进行深入的交流。沟通的时间越长，沟通的机会越多，那么客服人员说服客户的可能性就越大，能够提供的服务就越让客户满意。

2. 帮着客户说话

对于客服人员来说，与客户沟通是一个很好的获取有用信息的机会，而只有想方设法让客户开口说话，才有可能得到自己想要的信息。为了赢得客户的好感，获取他们的信任，客服人员可以站在客户的角度上说话，让客户觉得客服人员是和他们站在同一条战线上的，这种认同感会让客户更加放松，更乐意分享自己的内心世界。

3. 让客户成为胜利者

无论什么时候，客户都是上帝，无论他们说了什么，客服人员都应该认真聆听，即便有时候他们说的是不对的，也要以一种客户可以接受的方式进行反驳，让客户觉得他们始终占据主动地位，是最终的胜利者。只有这样，客户才愿意多说话，客服人员才能更多地了解客户，进而更好地为客户服务。

4. 用煽情的话打动客户

人是有感情的动物，每个人心中都会有一个柔软的地方。对于客服人员来说，适当地煽情可以激发客户的同情心和同理心，让他们感同身受。当他们能够体谅客服人员的时候，便不会对客服人员产生过多的抱怨，而是以积极和理解的态度去面对客服人员及客服人员所做的一切。

5. 巧妙地拒绝让客户更容易接受

在工作过程中，有些客户难免会提出一些让人难以接受的要求或条件，一旦应承下来，不但无法带来利益，反而会造成损失，对于这种情况，客服人员应该坚决地予以拒绝。不过，过于直白的拒绝会让客户感觉没有面子，可能会造成客户的流失；而巧妙的拒绝方式，则给客户留了颜面，从而为之后的沟通和交易留下了广阔的空间。

客服人员的口才能力，是其工作能力的重要组成部分，对其工作成绩有着重大的影响。想要成为受人欢迎的金牌客服，就应该在口才方面下足功夫。当达到轻松自如地赞美客户、抒发情感、拒绝无理要求的程度时，无论面对何种局面，客服人员都能随机应变地妥善处理，并得到客户的理解和认可。

[**重点回顾**]

1. 客服人员的良好口才有助于工作的展开和深入，在了解客户需求、解答客户疑问等方面都具有非常实际的意义。

2. 金牌客服的口才能力不仅表现在能说会道上，还表现在懂得审时度势，能够说出让客户心生欢喜的话，这样才能让客户乐于表达，从而得到想要的信息。

客服对成交量的影响

> 优良的客服工作，会让客户产生宾至如归的感觉，所以有助于成交；低劣的客服工作，会让客户异常反感，使得交易最终无法完成。从某种意义上说，客服工作的优劣对成交量的高低有着巨大的影响。

除了某些十分畅销的产品，或是客户对产品十分满意，本身就有十分明确的购买意向的情况，通常而言，客户在决定购买某种产品之前，都会向客服人员咨询，以便详细了解产品的相关信息、优惠方案等。

如果客服人员能够及时而完美地解答客户的疑问，让客户及时了解他们想要知道的信息，那么客户很可能就会做出购买的决定。反之，如果客服人员对客户的问题反应迟钝，客户无法得到及时的反馈，那么客户就会很容易心生不满，交易往往难以达成。所以，客服工作的好坏对成交量有着极大的影响。

对于客服人员来说，为客户提供优质的服务应该是其追求的目标，在达到这个目标的过程中，客服人员通常需要做出很多努力。当然，仅仅埋头努力是不够的，先要明确自己的任务和方向，才能事半功倍地实现目标。一般来说，客服人员的任务有以下三个：

1. 将产品卖给客户

一般情况下，当客户表现出购买的意向时，客服人员往往是占据主动的一方。因为客户已经有了购买的欲望，并不需要客服人员竭力进行推销，对于客服人员来说，这是卖出产品的好机会。可是，这并不意味着客服人员可以不费吹灰之力就能将产品卖出去，最终的交易结果，还要取决于客服人员对产品的相关知识及沟通技巧的掌握程度。充分了解产品知识，可以为客户答疑解惑，帮助他们更加清晰地认识产品；拥有良好的沟通技巧，可以与客户进行融洽的交流。只有两者兼备，才能灵活地应对客户，最终实现"将产品卖给客户"的目标。

2. 提高客户的满意度

对于客服人员来说，"将产品卖给客户"只是一个阶段性的目标，想要维持与客户的长期合作关系，让客户拥有较高的忠实度，那就需要努力提高客户的满意度，让他们有良好的购物体验。只有这样，客户才会对客服人员做出较高的评价，客服人员与客户之间才能保持良好的关系，这对后续的销售会很有帮助。

3. 提升关联产品的销量

在满足客户对某些产品的需求之后，客服人员可以尝试着将一些关联产品推销给客户，比如，客户购买了沐浴露，客服人员可以为他推荐洗发露之类的相关产品，如果客户恰好需要，那么就能增加关联产品的销量。对于客服人员来说，这个任务就像是额外的附加任务，毕竟客户只有在购买了自己所需的产品之后，才会考虑其他相关的产品。

　　一个优秀的客服人员，不仅能让犹豫不决的客户下定购买的决心，还能将更多的关联产品卖给客户，使得成交量得到较大幅度的提升。可见，客服人员对于成交量确实有着很大的影响，想要成为优秀客服，需要在实践中不断总结，不断提升个人的能力，以便灵活地应对各种客户，并满足不同客户的不同需求。

[重点回顾]

　　1.客户往往会对一些产品产生疑问，如果客服人员可以很好地为他们答疑解惑，那对交易的达成将起到积极的促进作用。

　　2.客服工作的好坏对成交量的影响是显而易见的，客服人员需要不断提升个人能力，以求为客户提供更好的服务。

拓展练习

认真阅读下列陈述，判断其是"对"还是"错"。

1. 客户服务就是客服人员为了提升客户的服务体验而做的所有事情。

2. 客户服务仅仅需要积极的态度就可以了，其他方面的事情并不需要考虑太多。

3. 客户的需求是产生消费的根源所在，只要能够满足客户的需求，提供相应的产品，客户服务工作就算完成了。

4. 有些客户服务的工作看似渺小，实际上则具有十分重要的意义。

5. 对于客服人员来说，只要踏实肯干就行，所谓的服务理念并不需要占据十分重要的位置。

6. 客服人员只要为客户提供基本的服务即可，没必要提供超额服务。

7. 良好的口才是客服工作的必备要素之一，客服人员应该注意加强口才方面的能力。

8. 正确运用客户服务技巧，有助于提升客户的满意度。

9. 客户服务水平的高低，与客户的消费体验有着紧密的关系，只要客户服务水平够高，客户总愿意多下订单。

10. 素质良好的客服人员，更容易赢得客户的好感。

　　一架飞机正在跑道上滑行的时候，一位老妇人请求空姐帮她倒一杯白开水吃药。空姐非常有礼貌地说："女士，飞机马上就要起飞了，为了您的安全，请您稍等一下。等飞机进入平稳飞行状态，我马上给您把水端过来，可以吗？"

　　飞机起飞20分钟之后，乘客服务铃响了起来，等空姐走过去的时候，她才突然想起，忘记给面前的老妇人倒水了。于是，她急忙面带微笑地向老妇人道歉，并以最快的速度给老妇人端来一杯温水，微笑着说："女士，真的十分抱歉，因为我的疏忽，耽误了您按时吃药，实在是对不起您！"老妇人并没有理会空姐的道歉，生气地说："你到底是怎么回事？这样的服务态度也太差劲了，你自己说，飞机都已经起飞多久了？"空姐感觉有些委屈，因为她一直在忙，并不是故意的。可是无论她怎么解释，那位老妇人仍然不依不饶，始终不肯原谅她。

　　在随后的飞行过程中，空姐每次经过老妇人身边，总会面带微笑地主动询问老妇人有没有什么需要，或是需不需要什么帮助。可是老妇人总是一副余怒未消的样子，对空姐总是爱搭不理的。

　　在飞机准备降落之前，老妇人要求空姐将留言簿给她拿过去。很显然，她准备投诉空姐。此时，空姐心中的委屈更多了，但是她并没有表露在外，而是本着职业的态度，非常礼貌地将留言簿递到了老妇人手上，并且面带微笑地再次道歉："女士，请允许我再一次向您表示诚挚的歉意，没有让您享受良好的服务，这是我的责任。无论您准备提出什么意见，我都欣然接受！"老妇人的脸上露出了惊讶的神色，但是她什么都没说。她打开留言簿，埋头在上面写了起来。

　　飞机安全降落，停稳之后，机上的乘客陆续离开。这时，空姐打开了留言簿，想看看老妇人给她提了什么意见。然而，出乎意料的是，老妇人写的并不是投诉意见，而是一封表扬信。

老妇人信中的两句话让空姐印象深刻："在整个过程中，你诚挚的歉意和美丽的微笑让我印象深刻，我从中看到了你良好的职业素养和高质量的服务。如果有机会，下次我还想乘坐你们的航班。"

从这两句话中，不难看出老妇人放弃投诉而进行表扬的原因——空姐良好的职业素养和高质量的服务深深打动了老妇人。可以说，这位空姐的服务是成功的，她成功地将一位带着不满的客户变成了对她充满好感的客户。

快问快答答案

1. 对　2. 错　3. 错　4. 对　5. 错　6. 错　7. 对　8. 对
9. 错　10. 对

第二章

好口才＋好态度，有助于赢得客户的心

对于客服人员来说，仅仅拥有良好的口才并不足以赢得客户的支持，良好的态度同样占据十分重要的位置。在沟通的过程中，礼貌、热情、尊重等态度是十分必要的，客服人员应该加以重视。要知道，如果客服人员的态度很恶劣，也许根本就没有与客户交流的机会，如果连沟通的基础都不存在，那说服客户不过是痴人说梦而已。

善用礼貌，拉近与客户之间的距离

礼貌待客是客服人员应该遵循的行为规范之一。在与客户交流的过程中，只有善用礼貌，让客户感觉身心愉悦，客服人员才能做好自己的工作。

情景1

某房产中介办公室的电话铃响起，一名客服人员接起电话。

客服人员：您好！有啥事？说！

客户：我刚刚通过你们租了一套房子，可是房门的锁是坏的！

客服人员：怎么坏了？是打不开还是锁不上？

客户：打不开，我到现在都没能进到房子里去。

客服人员：不会吧！我们经常带人去看房子，钥匙都没有问题的！

客户：我已经试了好久了，就是打不开。不然你们过来个人看看？

客服人员：没啥好看的，您多试几次呗，不行把钥匙拔下来再重新插上去试试。

客户：能想的办法我都已经想了，就是打不开啊！

客服人员：您得慢慢试，别着急。就算我们过去也没有什么好办法啊！

客户：你这是什么态度啊！懂不懂什么叫礼貌服务？你的工号是多少？小心我投诉你！

客服人员：您别生气啊！我马上去找租房的同事让他去帮您。

情景2

某服装品牌售后服务部门的电话铃响起，一名客服人员接起电话。

客服人员：您好！请问有什么可以帮助您的？

客户：我昨天刚买了你们公司生产的一件衣服，洗完之后发现衣服有些掉颜色。

客服人员：我们的产品引起了您的担忧，首先向您表示歉意。关于衣服掉颜色的问题，其实是一种正常现象，您再洗几次应该就不会出现这种问题了。我们公司的衣服都是使用植物染料进行染色，安全、健康，不会伤害您的肌肤。

客户：哦，这样啊，那我就放心了。可是我还有一个问题，这件衣服好像有些缩水啊，会不会越洗越小？

客服人员：缩水的问题您也不必过于担心，头一次洗涤多多少少会出现一点缩水的情况，肯定不会一直缩下去的。如果真的出现这种情况，我们可以为您免费更换。这一点请您放心，我们对质量的要求是很高的。

客户：好，那就好。

客服人员：请问还有什么可以帮助您的？

客户：没有了，谢谢你啊！听你解释之后，我心里踏实多了。

客服人员：您不用客气！这是我应该做的。让客户满意不仅是我们的服务宗旨，还是我们不断前进的动力。还得谢谢您给我们提出问题，让我们发现自己的不足。欢迎您下次致电！

客户：嗯，好的。拜拜！

客服人员：拜拜！

通过上述两个情景，不难发现两名客服人员在礼貌用语方面有着很大的差距。情景1中的客服人员语言粗鲁、随意，很容易让客户产生被轻视的感觉，引起客户投诉就是情理之中的事情了。情景2中的客服人员，善于使用礼貌语言，给客户带来如沐春风之感，因此赢得了客户的认同和信任，客服工作带来圆满成功。

在与客户进行沟通的时候，客服人员的礼貌态度是不可或缺的。客服人员对客户的礼貌表现，可以体现出客户的地位和重要性。合理而正确的礼貌用语，可以凸显较高的服务品质，给客户留下良好的印象，进而加深客户与客服人员之间的感情，令客服人员的工作价值得到进一步的提升。

[重点回顾]

1．粗俗、无礼的语言表达方式，会让客户产生厌烦感，不仅无助于解决客户的问题，还可能引来客户更多的投诉。

2．礼貌用语可以提升客户服务的品质，给客户带来如沐春风之感，从而创造良好的沟通氛围，为更好地完成客服工作打下坚实的基础。

热情一点，将潜在客户变成忠实客户

对于客服人员来说，热情的态度不仅能够展现自己的活力，也是赢得顾客的有效手段。热情地对待每一个潜在客户，说不定就能收到意想不到的效果。

情景1

一天，大雨倾盆，某电子商城的手机销售厅内，进来很多躲雨的人。其中有一位老人，有些窘迫不安地走进了一家手机专卖店。一位店员注意到了这位老人，认为她是来避雨的，所以对她有些爱搭不理。

老人：请问，你们店里有没有热水？

店员：很抱歉，我们的热水都是为顾客准备的，并没有为像您这样的路人额外准备。

老人：哦，我就是想买手机才进来的。只是衣服被雨淋湿了，我有点冷，所以想喝点热水。

店员：这样啊，那您想买什么样的手机呢？我们出售的都是智能手机，恐怕没有适合您用的老年机。

老人：我没想买老年机，就想买个智能手机。能不能先帮我倒杯热水？

店员：好吧，您稍等。我去给您倒水。

老人：谢谢啊！

（片刻之后，店员端着水杯走到老人面前）

店员：这是热水，您注意点，别烫着。

老人：谢谢！你帮我介绍几款智能手机吧，我也不知道哪种好。

店员：您想要什么价位的？

老人：我也不知道多少钱的手机才好啊。

店员：那您都需要什么功能？

老人：我也不知道需要什么功能。

店员：您什么都不知道，我怎么给您介绍呢？您还是回家想想具体有什么需求，然后再来吧！

情景2

老人无奈地从那家手机专卖店走出来，脸上的窘迫更加明显了。另一家手机专卖店的店员看到了老人，于是主动走到了老人面前。

店员：阿姨，看您的样子是被雨淋了吧！来，到我们店里坐坐，我给您倒杯热水喝。

老人：不用麻烦了，我刚刚喝过了。

店员：这有什么麻烦的，您端着热水捂捂手也好啊！

（店员边说边将老人请到了店里，给她拿了凳子让她坐，并端来一杯热水）

老人：谢谢你啊！你真热心！

店员：没什么，您这岁数和我妈差不了多少，要是我妈被雨淋了，我希望也有人能给她一杯热水。

老人：你真是个善良的孩子。你们店里也有智能手机吗？

店员：有啊，怎么？您想买部手机？要不我给您介绍几款现在卖得比较好的手机？

老人：好啊，我在之前那家手机店已经问过了，不过我什么都不懂，人家不愿意给我介绍。

店员：不懂没关系，我跟您说说您就懂了。

老人：好啊好啊，我心里还一直担心惹人烦呢！岁数大了，对手机了解得太少了。

店员：您这个岁数啊，应该用屏幕大一点的，这样看字清楚。我给您介绍几款适合老人用的手机，怎么样？

老人：我不是买给自己用的，我孙子上高中了，我想买部手机给他用，可是又不知道现在的年轻人喜欢什么样的，害怕买不好。

店员：这样啊，刚上高中，给孩子买手机主要是为了让他和家里联系，所以功能不需要太多。您觉得呢？

老人：嗯，我就是想万一我想孙子的话，可以给他打电话，听听他的声音。可是也不能太差吧，不然和他的同学比起来，他会不会觉得低人一头啊？

店员：这个您想的也对，有些孩子喜欢攀比，但是咱们也不能什么都顺着孩子，跟别人的差不多就行了，没必要非得要最高级的。您说呢？

老人：嗯，我觉得行。

店员：那就这一款吧，价格合适，功能也足够。您先买回去，如果您孙子不喜欢，您可以带着他过来换。

老人：好，就要这台。谢谢你啊！

店员：您不用客气，这都是我应该做的。欢迎您下次光顾！

老人：嗯，下次再买手机，我还找你！

面对同一顾客，情景1和情景2中的两个店员的热情程度有着很大的差异，这也导致两个人的服务效果迥然不同。作为客服人员，应该像情景2中的店员那样，以饱满的热情去迎接每一个人，即便不是自己的顾客，也可以用热情去感染对方，让其从潜在客户变成忠实客户，进而不断提升自己的销售量，实现更多的个人价值。

一些客服人员往往会犯这样的错误：只以饱满的热情去接待自己的客户，而不愿在那些不太可能成为客户的人身上浪费自己的热情。实际上，如果我们能以热情的态度去对待那些尚不是客户的人，他们很难不被感动，毕竟，他们看到我们对"陌生"的他们都充满热情，也就不难想象我们对自己的客户是一种什么样的态度了。

[重点回顾]

1. 热情的态度，不仅可以展现客服人员的活力，还能打动和感染客户，让客户从热情中体验到被重视的感觉。

2. 客服人员的热情，不仅仅应该用在现有的客户身上，对于潜在客户，热情也是一种很好的吸引对方的手段。

诚信的态度，让客户更信任你

> 　　诚信是一个人的立身之本，对于客服人员来说，想要在职场中赢得一席之地，诚信是其必不可少的美德之一。以诚信对待客户，才能真正赢得客户的心。

情景1

　　小张在某空调生产厂商的售后服务部门工作，一天，她接到了一位客户的电话。

　　小张：您好！××售后服务部，请问有什么可以帮助您的？

　　客户：我家的空调坏了，昨天已经给你们打过电话，说是今天上午派人过来，可是我等了一个上午也没见人啊！

　　小张：哦，这样啊，您稍等一下，我帮您查一下反馈记录。

　　（小张在电脑上搜索了一下，果然有报修记录）

　　客户：怎么样？查到了没有？

　　小张：哦，您家空调的问题我们已经记录下来了。三个工作日内，我们的维修人员就会上门为您检查维修。

客户：什么？三个工作日内？昨天说的是今天就能来啊！

小张：啊？不会吧？我们通常都是三个工作日内上门服务的。您是不是听错了？

客户：我听错了？这么热的天，三天不用空调，谁受得了啊？我买空调的时候，承诺的售后是一天内上门服务，现在真出了问题，你们又开始推卸责任。不给我解决问题，我要到消费者协会告你们！

小张：您别生气！我马上给维修人员打电话，让他立刻上门为您维修。

客户：我都不敢相信你们了！昨天说好今天上午来都没来，现在说来就能来了？这到底是怎么回事？

小张：还请您原谅！最近维修工作太多，工人师傅忙不过来，所以没能及时到您家去。

客户：怎么？刚刚不是说是我听错了？你们这服务态度实在是太差劲了，我一定要投诉你们！

情景2

小李是某电视生产厂商的客服工作人员，客户购买电视之后，她要负责与客户联系，确定送货及安装时间。一天，她与一位客户进行联系。

小李：您好！请问您是××先生吗？

客户：是的，我是。

小李：这里是××公司客户服务部，您之前购买了一台××型号的电视机，我想跟您确认一下送货和安装时间。

客户：就按照我买电视时约定的时间就可以了，来之前请给我打个电话。

小李：好的，那就安排后天上午给您送货和安装了。

客户：嗯，没问题。

（挂断电话之后，安装人员反映后天上午已经安排满了，最早也得下午才能为××先生安装。小李得到反馈之后，立刻又给××先生打了一个电话）

小李：您好！××先生。我是××公司客户服务部的小李，之前给您打过电话，约定送货和安装时间。可是现在情况有了一些变化，得向您说明一下。

客户：怎么回事？

小李：我们的安装人员反映，后天上午的工作已经排满了，到您家的时候应该要到下午了。实在是对不起！给您添麻烦了！

客户：你们这变化也太快了，刚刚还说上午呢，怎么一会儿的工夫又改成下午了？

小李：实在抱歉！最近业务比较多，安装人员也在加班加点地工作。这样吧，我跟安装人员说一下，让他们尽量上午过去，如果上午实在忙不完，下午也一定去您家进行安装。您看怎么样？

客户：好吧，也只能这样了。对了，送货的时间有变化吗？

小李：送货和安装是两个不同的部门，所以送货时间不会受到影响，依然是上午。

客户：好的，我知道了。

小李：再次向您道歉！给您添麻烦了！

客户：没事，后天能来就行，你的电话还是很及时的，服务态度不错。

从客户的反馈不难看出，小张和小李的工作成效具有天壤之别。如果小张能像小李一样，开诚布公地向客户解释无法按时展开工作的具体情况和原因，相信客户也不会发那么大的脾气。小张的一味遮掩，非但没能推脱责任，反而搬起石头砸自己的脚，引来了客户的坚决投诉。

对于客服人员来说，诚实地与客户沟通，及时地反馈可能出现的问题，可以让客户掌握关于产品和服务的动态，这会给他们更多的确定性和安全感。在这种情况下，客户通常不会对客服人员产生反感，也就很少出现投诉之类的事情。相反，一旦客户发现客服人员失信，那么之前建立的信任感就会消失，这对于客服人员展开工作是极为不利的。

[重点回顾]

1. 当维修工作无法按照预定的时间进行时，客服人员应该主动与客户联系，以求得客户的原谅并重新约定时间，这比等着客户兴师问罪效果更好。

2. 诚信具有无形的力量，客服人员只有以诚信为本，才能赢得客户的认可，为自己、公司创造更大的利益和价值。

尊重客户，客户才会尊重你

　　对客户的尊重，需要具有一贯性。如果在客户购买产品之前对其尊重有加，在产品卖出之后却对其爱搭不理，那是很难维护自己的客户关系的。

情景1

　　董强刚买不久的笔记本电脑坏了，于是拿到该品牌的售后服务处去维修。他走进大门的时候，只看到前台的客服人员正坐在电脑前哈哈大笑，好像是在和别人聊天。眼见并没人接待自己，董强只好走到了前台。

　　董强：你好，我的电脑坏了，需要修理一下。

　　（客服人员似乎没有听到，注意力依然集中在自己的电脑上）

　　董强：你好，我来修理一下电脑。

　　客服人员：哦，好，等我忙完手头的事情，就来处理您的问题。

　　董强：嗯，好吧！

　　（十分钟之后，客服人员递给董强一张单子）

客服人员：把维修单填一下吧！

董强：我都需要填写哪些内容呢？

客服人员：上面写着呢，您照着要求填就行了。

（董强认真地填完了维修单，却不知道接下来应该做什么）

董强：服务员，单子填完了，应该交给谁？

客服人员：您就放在那边的桌子上就行了，然后把电脑交给我。

董强：哦，好。估计什么时候能修好呢？

客服人员：这个不好说，您回去等电话就是了。

（董强放下电脑，失望地摇了摇头，从此再也不买这个品牌的东西了）

情景2

赵磊新买的平板电脑出了问题，于是拿到售后服务处去维修。他刚刚走进大门，就有客服人员迎了上来。

客服人员：您好！先生！欢迎光临！有什么可以帮助您的？

赵磊：你好，我的平板电脑有点问题，我想检修一下。

客服人员：哦，好的，您先请坐。我帮您拿张维修单填写一下。

赵磊：好，谢谢！

（客服人员很快就拿来一张维修单放到赵磊面前的桌子上，自己则在赵磊身旁坐了下来）

客服人员：您照着维修单上的要求填写就行了，如果有不明白的地方，您随时可以问我。

赵磊：好的，我填填看。

（几分钟之后，赵磊填好了维修单）

赵磊：我填好了，你看看有没有不完整的地方？

客服人员：好的，我看一下。嗯，维修单填得很完整。

赵磊：那我应该把维修单交给谁呢？

客服人员：这个您就不用操心了，等一下我会帮您交上去的。还有，您的平板电脑交给我就行了，等下我帮您收起来。

赵磊：哦，好的。真是太感谢你了！

客服人员：不用客气，这是我应该做的。拿好您的回执单，等修好了我会联系您的，到时您拿着回执单来取平板电脑就可以了。

赵磊：那好，再见！

客服人员：再见！很高兴为您服务！

上述两个情景中，客服人员对客户的态度截然不同，这使得客户对他们产生了完全不同的印象和评价。情景1中的客服人员眼中根本没有客户，只沉迷于自己的电脑之中。这种服务态度，势必让客户感到深深的失望，客户流失也就成了正常现象。情景2中的客服人员则充分表现了自己对客户的尊重，时时处处从客户的需求出发，努力为客户提供最好的服务，当客户体验到被尊重的感觉时，他自然会对客服人员另眼相看。

对客户的尊重是客服人员应该具备的重要态度之一，它对客服人员来说具有十分重要和现实的意义。尊重客户，才能赢得客户的好感，才能从客户那里赢得他们对自己的尊重。在地位平等的情况下，客服人员往往可以更加自如地展现自己的能力，更好地完成自己的工作。

[重点回顾]

1．当客户光临的时候，应该对客户表现出尊重的姿态，如果你不尊重自己的客户，客户自然也不会尊重你。

2．尊重客户的客服人员，往往能和客户处于平等的地位，这能提升客服人员的信心和动力，为接下来的工作奠定坚实的基础。

勇于担当，出现问题不推诿

> 为客户解决问题，是客服工作的核心内容之一，客服人员在面对客户提出的问题甚至质疑时，应该采取谨慎而负责的态度，努力为客户找到问题的源头所在。

情景1

丽丽在超市买了一件衣服，回家之后才发现衣服上有一个小洞，于是到超市的服务台要求退货。

丽丽：这件衣服质量有问题，你帮我退了吧！

客服人员：什么质量问题，我看一下。

丽丽：你看，这里有个小洞。

客服人员：您是什么时候买的呢？

丽丽：我是昨天买的，买的时候没注意，回家之后才发现的。

客服人员：那很抱歉，恐怕没办法给您退了。

丽丽：为什么？

客服人员：您已经拿回家了，现在无法确定是衣服本身有质量问题，还是人为损坏造成的破洞。

丽丽：你这是什么意思？难道是我故意弄坏的？

客服人员：我不是这个意思，也可能是之前就有质量问题，只是现在无法确定具体的原因，所以没法给您退货。

丽丽：你们就是这种服务态度吗？

客服人员：我确实是没办法。您买衣服的时候怎么没仔细看一下呢？不然您打厂家的电话问一下吧，看看厂家能不能给您退。

丽丽：算了，算了，不就一件衣服吗？大不了扔了，以后再也不来你们这里了！

情景2

赵蕊到外地游玩，准备带些特产回家，于是走进一家超市。她将背包寄存在储物柜里，买完特产之后却发现放背包的柜门打开了，于是气冲冲地到服务中心投诉。

赵蕊：你们超市的安全工作做得太差劲了！只知道赚钱，却不知道保护消费者的权益！

客服人员：您先别着急，有什么事情您慢慢说，如果我们的工作真的有问题，我们会努力改进的。

赵蕊：改进？我的背包丢了，你们得赔偿给我！

客服人员：您的背包丢了？发生这样的事情实在是太不应该了。请您告诉我，您的背包是在哪里丢的，我们也好争取帮您找回来。

赵蕊：就是在你们的储物柜丢的！我把背包存在储物柜里，买完东西去取包的时候，却发现柜门大开着，我的包已经不翼而飞了。

客服人员：放在储物柜里丢的？那就更不应该了！您先别着急！咱们一

起去现场看一下。如果是我们的责任，我们一定会赔偿您的损失的。

赵蕊：好，咱们走！

（赵蕊和客服人员一起来到储物柜处）

赵蕊：你看，那就是我用的柜子，现在还开着呢！

（客服人员走到柜门前，柜子里果然空空如也）

客服人员：还真的没有东西。您能不能告诉我您柜子的编号是多少？

赵蕊：就是这个啊！58号！

客服人员：那是A组还是B组呢？

赵蕊：啊？还分A组和B组呢？

客服人员：是啊，这个柜子是B组58号，您的号码牌是多少？

（赵蕊看了一眼自己的号码牌，发现上面写的是A组58号，脸顿时红了起来）

赵蕊：我第一次到这里来，没想到有两组柜子，我的号码牌是A组58号，不好意思啊！

客服人员：没关系，谁还不犯点错误呢！您赶紧打开柜子看看您的背包在不在。

（赵蕊打开柜子，发现自己的背包好好地躺在里面）

赵蕊：在呢，在呢，真是不好意思！误会你们了。

客服人员：没关系！背包没丢就好。欢迎您下次光临！

赵蕊：我这么误会你，你都没有任何怨言，下次我一定还来！

在情景1中，面对丽丽反映的问题，客服人员并没有积极承担起自己应负的责任，为丽丽寻找解决问题的办法，而是将责任推到丽丽身上，让丽丽自己承担衣服的质量问题，这难免会引起丽丽的不满。客服人员的做法，不仅将丽丽推出了超市的大门，也失去了丽丽身边的顾客群体。在情景2中，客服人员对待赵蕊的方式则迥然不同，尽管是赵蕊误解在先，超市几乎没有任何责任，可是客服人员依然尽职尽责地帮助赵蕊找到了她的背包。这个客服人员是优秀的，她的做法让赵蕊深受感动，由此将赵蕊变成一个忠诚度很高的消费者。

对于客服人员来说，在接到客户的投诉或是遇到客户反映问题时，推卸责任是一种十分忌讳的做法。无论是不是应该承担责任，或是应该承担多少责任，客服人员首先应该表现出勇于担当的态度，给客户一种有望解决问题的感受，这有助于双方顺利解决问题，对客服人员完成工作具有积极的意义。

[重点回顾]

1．对于客户反映的问题，无论能否给予解决，客服人员都应该展现出敢于担责的态度，一味推卸只会增加客户的反感，从而失去不应失去的客户。

2．出现问题的时候，如果客服人员能够展现出积极担责的态度，将有助于与客户进行更好的沟通，更容易得到客户的理解和原谅。

拓展练习

认真阅读下列陈述，判断其是"对"还是"错"。

1. 只要能够圆满解决客户提出的问题，客服人员是否有礼貌并不是很重要。

2. 礼貌用语可以提升服务质量，让客户得到更好的消费体验。

3. 对于客服人员来说，有时在陌生人身上倾注热情，可能会将其变成自己的客户。

4. 客服人员不应该只对既有客户热情，而对潜在客户置之不理。

5. 当产品或服务出现问题的时候，客服人员应该尽量掩藏，以求给客户留下良好的印象。

6. 客服人员是否以诚相待，客户并不知道，所以诚信并非十分必要。

7. 客服人员对客户充满敬意，客户才会以相同的态度来回应客服人员。

8. 客服人员对客户的尊重应该是一种常态，是一种持续不断的服务态度。

9. 如果确定自己不应为客户反映的问题承担责任，那就让客户自己去解决问题。

10. 对于客服人员来说，敢于承担责任会给客户留下良好的印象，有助于拉近彼此之间的距离。

刘洋已经在城市打拼了十来年，千辛万苦地攒下了一些钱。他打算用这笔钱做首付，在城市买下一套属于自己的房子。

有了这样的想法之后，刘洋便留意起房子的信息。每个周末，他都要抽出时间去看一看比较看好的楼盘，问问价格、算算需要多少贷款，认真盘算着买哪一套最划算。

又是一个星期六，刘洋到一个新开的楼盘去看房。刚刚走进售楼处，便有一个销售员热情地迎了上来。

"您好！先生。想看看房子？"销售员向刘洋打招呼。

"嗯，先看看，有合适的就买一套。"刘洋对这种场面已经轻车熟路了。

"哦，那您有没有和我们这里的销售员联系过呢？"销售员礼貌地问道。

"没有，我就是想随便看看，也不一定要买。"刘洋随意地说。

"既然这样，那我为您介绍一下咱们这个楼盘的情况吧！您也了解了解，合适的话您就买一套，不合适的话您再看看别的楼盘。"销售员满面笑容地说。

说完，销售员带着刘洋来到沙盘前，详细地为刘洋介绍了楼盘的单价、户型、面积等情况，刘洋不时地询问一些问题，销售员也都认真地进行解答。整个过程中，销售员并没有极力向刘洋推销房子，而是以介绍者的姿态出现，尽全力让刘洋对整个楼盘有一个全面的认识。

了解完楼盘的情况之后，刘洋并没有急于交订金，而销售员同样没有劝说刘洋早拿主意，这让刘洋感觉很自在。相比之前那些一个劲儿地推销，急着让交订金的销售员，刘洋对眼前的这个销售员多了一些亲切和好感。

临走之前，刘洋问销售员："你叫什么名字啊？怎么都不见你卖力推销？是不是不想卖房子啊？"

"房子当然想卖，可是如果您不想买，我说再多也没用啊！倒不如让您自己再去比较比较，如果我们这里的房子合适，您再来找我，我一定给您优惠的价格。"销售员说，"以后您叫我强子就行，我的电话和名字这张宣传单上都有，您拿好。"

此后的一段时间，刘洋又看了几套房子，虽然有的户型好，有的价格合适，可是整体而言，总有些让人不满意的地方。在这段时间里，有几个销售员给他打过电话，总说房子已经不多了，催他尽早交订金。房产市场的冷清刘洋是知道的，所以他只是敷衍了事，并不着急。强子也给刘洋打过电话，但是内容通常是简单的问候，或是介绍行情的变化，对交订金或卖房子的事情并未过多提及。

又过了一个月，在看了不少的房子、接触了不少销售员之后，刘洋对强子的印象始终是最好的。经过再三权衡，他决定从强子那里买一套房子，并主动给强子打了电话。就这样，强子在"顺其自然"中卖出了房子。

强子没有像其他的销售员一样死缠烂打，总是紧盯着刘洋让他买房，而是以一种尊重和开放的态度，切实关注刘洋的需求，为刘洋做更加合理的打算，这给刘洋留下了美好的印象，并促使刘洋从强子那里买了一套房子。

快问快答答案

1. 错 2. 对 3. 对 4. 对 5. 错 6. 错 7. 对 8. 对
9. 错 10. 对

第三章

善于倾听，是金牌客服的重要技能

　　客服人员与客户沟通的过程中，倾听是不可或缺的组成部分。客服人员只有认真倾听，才能了解客户的真实需求，明白客户为何抱怨、投诉，获取了相应的信息之后，才能对症下药，有的放矢地解决客户的问题。而且，认真倾听是一种尊重客户的方式，有利于创造良好的交流氛围。因此可以说，善于倾听是金牌客服的重要技能。

认真聆听客户的需求，有的放矢地提供优质服务

> 每个人都有表达想法的欲望，一旦这种欲望得到满足，那么沟通起来就会更加顺畅。对于客服人员来说，做一名忠实的听众，更容易得到客户的信任，也更容易得到自己想要的信息。

对于客服人员来说，客户就是上帝，只有尽力满足客户的需求，并让客户获得良好的消费体验，客服人员才能更好地展现自己的价值，为自己赢得生存和发展的空间。

而要满足客户的需求，首先就要做到详尽了解客户有何需求，对服务有何特定的要求，等等。想要掌握这些有用的信息，只有认真倾听客户的心声才行。如果客服人员一味自说自话，拼命劝说顾客，而不给客户表达的机会，那就很难做到有的放矢。

情景1

李梦然毕业之后，好不容易找到了一个销售化妆品的工作，因此十分珍惜，每次见到客人都十分热情。一天，柜台前来了一位年轻的女士，李梦然

积极地推销起来。

李梦然：您好！美女！欢迎光临！看看化妆品吗？

年轻女士：嗯，随便看一下。

李梦然：您想买点什么呢？防晒霜？爽肤水？睫毛膏？我们这里的化妆品很齐全的。

年轻女士：我就是想看看涂脸用的。

李梦然：哦，那我给您推荐这款面霜，它遮盖效果好，可以为您呈现无瑕的皮肤。

年轻女士：你觉得我脸上有很多雀斑吗？非得遮盖才行？

李梦然：对不起！我不是那个意思！那您试试这款面霜吧，它可以保持肌肤活性，让您看起来更加年轻。

年轻女士：我的皮肤很苍老吗？只有用化妆品才能掩饰年龄？

李梦然：当然不是了，您本来就很年轻。要不然您再看看这款……

（没等李梦然说完，年轻女士转身离开了柜台）

年轻女士：我就是想买个补水的，怎么就这么难？

李梦然：补水的面霜我们这里也有，您要不要看一下？

年轻女士：不看了，没心情了！

情景2

张鑫是一家律师事务所的律师，一天，他接到一个客户的电话。

张鑫：您好！××律师事务所，请问有什么可以帮您的？

客户：你好，我想向你们咨询一个问题。

张鑫：好的，您请讲。

客户：是这样的，我和一个朋友合伙开了一家餐厅，最初的创业资金大部分是通过抵押我家的房子贷款而来的。我们当时已经说好，无论赚了还是赔了，投资的钱都是一人一半，可是餐厅真的倒闭转让之后，朋友只是把转让款都给了我，还贷款的事情他就甩手不管了。现在银行催着让我还款，再不还房子就要被收了。不知道你们有没有什么解决的办法？

张鑫：我想请问一下，你们的餐厅是以何种组织形式创建的？是责任公司还是股份公司？

客户：两样都不是，我们只是个体户而已。如果跟我的朋友打官司，我能有几分胜算？

张鑫：您所说的情况，应该是经济方面的纠纷。由于细节方面的问题比较复杂，我觉得您最好亲自过来一趟，跟我们专门负责经济纠纷的律师面对面地沟通一下，您觉得怎么样？

客户：这个建议不错！我现在过去可以吗？

张鑫：您稍等一下，我帮您联系一下这方面的同事，让他跟您约时间，行吗？

客户：当然可以！谢谢啊！

张鑫：不客气！

在上述两个情景中，两个客服李梦然和张鑫的表现迥然不同。李梦然一味按照自己的想法推销化妆品，尽管态度热情，却没有抓住客户的需求，因此推销最终失败。张鑫则首先询问并聆听客户的需求，进而推荐了一位非常合适的经济纠纷方面的律师给客户，这让客户感觉十分满意。

如果一位客服人员没有耐心去倾听客户说话，那么他就很难真正了解客户的需求，明白客户想要表达的观点。在这种情况下，客服人员很容易提出一些缺乏可行性的建议或方案，这样非但解决不了问题，还会令客户对客服人员的态度产生怀疑，以至于对客服人员做出较差的评价。所以说，认真聆听客户的需求，对于客服人员来说是非常重要的一门功课，那些优秀的客服人员往往都是倾听方面的高手。

[重点回顾]

　　1．客服人员应该尊重客户表达想法的权利，让客户的表达欲得到满足，这会让客户感觉受到了尊重，因此沟通起来会更顺利。

　　2．倾听是一门高深的艺术，那些不懂倾听的客服人员，往往无法了解客户的真实需求，所以很难为客户提供令其满意的服务。

站在客户的角度去倾听

　　　　很多客服人员喜欢站在自己的角度上去倾听客户的声音，这样的倾听，只是在解释和推诿，并不能彻底解决问题。只有站在客户的角度，将客户的声音视作自己的声音，才能真正了解客户的心声，为客户提供更好的服务。

　　许多客服人员其实都知道，当他们祈祷客户不要为难自己的时候，客户也在渴望尽快解决问题或是得到更加贴心的服务。这种时候，客服人员不妨将心比心，站在客户的角度去思考问题，认真倾听客户所要表达的观点，并尽力为客户解决所能解决的问题。

　　试想一下，如果一个客服总是带着"客户难为我"的想法去参加工作，他怎么会将客户的需求当作自己的需求呢？如果不能站在客户的角度去考虑、去倾听，客服人员肯定无法为客户提供最好的服务。

情景1

　　一位顾客在商场买了一件内衣，拿回家之后感觉不是很喜欢，于是拿回内衣店想要退掉。

售货员：您好！请问您需要什么？

顾客：是这样的，我昨天在这里买了一件内衣，现在想把它退掉。

（售货员接过顾客递来的内衣，检查了一下）

售货员：请问，您想退货的原因是什么呢？刚刚我看了一下，质量方面好像没什么问题。

顾客：哦，不是因为质量的问题，是我拿回家之后感觉不太喜欢。

售货员：那就很抱歉了！不是质量问题，恐怕没法给您退货。

顾客：为什么？

售货员：内衣这种商品，是贴身穿着的，您试穿之后，我们就没法卖给别人了。

顾客：在店里的时候，我们不是也可以试穿？那时候怎么没说不能试穿？

售货员：我们给您试穿的都是新的，现在您要退货，我们没法卖给其他的顾客。

顾客：你说新的就是新的？我还说我这个也是新的呢！

售货员：您要是这样说，那我也没什么可辩驳的。不过我们有规定，就是不能退。

顾客：这就是你们的待客之道吗？东西卖完了就什么都不管了？客人都要遵照你们的规矩来？

售货员：实在没办法，规定也不是我定的，您跟我说我也没办法帮您解决问题。

顾客：行，就你们这服务态度，厂子不倒闭才怪呢！

（说完，顾客气呼呼地走了）

情景2

一位顾客在超市买了一包含糖量很高的饼干，她不能吃，所以到服务台想要退货。

客服人员：您好，请问有什么可以帮您的？

顾客：姑娘啊，你帮我把这包饼干退掉吧！

客服人员：请问这包饼干有什么质量问题吗？

顾客：那倒没有，我就是想退掉它。

客服人员：实在对不起！一般情况下，食品类的商品，有质量问题我们才给退的。

顾客：实话跟你说吧，我有糖尿病，这种饼干含糖量太高，我没法吃。

客服人员：您不能吃，可以给您的家人吃啊！

顾客：我家孩子都在国外呢，家里就我一个人，我拿回去也是扔了，多浪费啊！

客服人员：这样啊，您说得确实在理。那我就破例给您退了吧！

顾客：谢谢你啊！小姑娘，你真是善解人意。

客服人员：您别客气！以后再买饼干，您可得看仔细了。如果看不清楚或者有什么不明白的，您可以问一下我们的售货员。

顾客：嗯，知道了。

情景1中的售货员，虽然了解了顾客的想法，知道了顾客的需求，但是并没有站在顾客的角度去考虑问题，而是坚守公司的规定，令顾客愤怒离去。不难想象，这位顾客以后都不会再来光顾了。其实，售货员可以建议顾客更换其他款式，或是咨询店长的意见等，这样至少为顾客提供了解决问题的办法，而不是不去理会顾客的需求，只是机械地遵从规定办事。

　　情景2中的客服人员，很好地做到了站在客户的角度去倾听，在不损害超市利益的前提下，圆满地解决了顾客的问题，这无疑会赢得顾客的青睐，得到顾客的好评。

　　一个优秀的客服人员，不仅需要认真倾听，更要从客户的角度出发，尽量满足客户的需求。要知道，客户是客服人员生存和发展的根基所在，不能为客户解决问题的客服人员，根基注定不牢，很容易被客服行业淘汰。

[重点回顾]

　　1．对于客服人员来说，客户是很重要的资源。当客户的需求和公司规定出现冲突的时候，应该在不损害公司利益的情况下，尽量满足客户的需求，而不能以规定为由拒绝客户。

　　2．了解客户的需求之后，优秀的客服人员会千方百计地为客户寻找解决办法，即便最后无法解决问题，也会给客户留下美好的印象。

适当回应客户，别让客户感觉是在自说自话

> 关于倾听客户说话，存在着这样一个误区：倾听就是听客户说话，无须进行回应。实际上，沟通需要有来有往，只听不说是难以达成良好的沟通效果的。

对于一些客服人员来说，倾听是一件"很容易"的事情，因为对于他们来说，倾听就是只听不说，无论客户反映什么问题，或是表达何种需求，这类客服人员总是默默地听着，始终不会给客户任何回应。这种做法会让客户陷入自说自话的尴尬境地，产生不受尊重的感觉。

既然是沟通，就应该你有来言，我有去语，通过交流深入地了解问题的根源所在，进而更加有效地处理存在的问题。当然，客服人员也要把握好一定的尺度，既要保证客户可以顺畅地表达自己的想法，又要在适当的时候通过动作、表情、语言等进行回应。

情景1

赵磊刚刚买了一套房子，想要装修一下，于是他来到一家装饰公司，想

找个设计师给自己做一份装修设计。

　　接待员：先生，您好！欢迎光临！请问有什么可以帮您的？

　　赵磊：是这样的，我想装修一下房子，你们的设计师能不能先给做一份设计图纸看看？

　　接待员：这个当然可以了。您稍等一下，我帮您联系一下设计师。

　　赵磊：好的。

　　（接待员打电话和设计师联系之后，回到了赵磊面前）

　　接待员：您好！先生，我们的设计师正在装修现场，暂时无法回来。我对设计也略知一二，如果您不介意，可以先跟我说一下您对设计方面的要求。

　　赵磊：好的，那我就大致说一下我的想法。

　　接待员：您请讲。

　　赵磊：我想要一个欧式的风格，给人一种高雅的感觉……

　　（接待员闷头记录）

　　赵磊：嗯，家具要嵌入式的，能节省一些空间……

　　（接待员接着闷头记录）

　　赵磊：客厅里要有一个吧台的设计，这样方便我和朋友喝酒……

　　（接待员继续闷头记录）

　　赵磊：餐厅要开放式的，但是又要给人一种相对独立的感觉……

　　（接待员依然闷头记录）

　　赵磊：我觉得我应该换一家装饰公司，那样或许我能得到一些有用的建议。

　　接待员：哎，别啊，先生……

情景2

赵磊来到了另一家装饰公司，希望能遇到一位更加负责的设计师。

接待员：先生，您好！欢迎光临！请问有什么可以帮您的？

赵磊：我新买了一套房子，需要装修一下，想找一位设计师帮我做一份设计图纸，先看看装修效果。

接待员：这个当然没问题。您稍等一下，我帮您联系一下设计师。

赵磊：好的。

（接待员打电话和设计师联系之后，回到了赵磊面前）

接待员：您好！先生，我们的设计师正在装修现场，他现在立刻赶回来。您得稍微等一下。如果您愿意，可以先跟我说一下您对设计方面有什么要求，这样可以节约一些您的时间。

赵磊：好的，那我就大致说一下我的想法。

接待员：您请讲。

赵磊：我想要那种欧式风格的设计，给人一种高雅的感觉。

接待员：欧式风格最近确实很流行，您这个想法不错。

赵磊：家具呢，我想要嵌入式的，这样能节省一些空间，因为我家的面积不是很大。

接待员：这个想法也可以，设计师会根据实际情况进行设计的。

赵磊：关于客厅的部分呢，我想要在合适的位置设计一个吧台，这样方便我和朋友们喝酒、聊天。

接待员：这个设计也可以做，而且可以在吧台的位置做一个音响的设计，这样可以边听音乐边喝酒，感觉应该不错。

赵磊：嗯，你这个建议不错，我之前都没有想到。等设计师到我家的时候，可以让他认真考虑一下。

接待员：设计师肯定会尽量考虑周全的，这点您可以放心。

赵磊：你们这里的服务还不错，就请你们的设计师为我设计吧！

为了寻找设计师，赵磊先后去了两家装饰公司，两位接待员以不同的倾听方式与赵磊进行交流，结果让赵磊产生了迥异的反应，最终他舍弃前者，接受后者。从中不难看出，情景1中的接待员只听不说的方式并不是正确的倾听，而是一种不负责任的沟通方式；情景2中的接待员则通过适时的回应，让赵磊得到积极的反馈，进而产生了良好的沟通效果。

沟通是相互交流想法的过程，如果客服人员只是一味地倾听，而不给予客户应有的回应，就会很容易让客户产生不被重视的感觉。当客户来到店里的时候，他希望可以得到一些专业性的建议，一旦这种愿望无法得到满足，他们难免会感觉失望，从而对客服人员产生反感。从这个角度上说，客服人员一定要适时回应客户，这才是善于倾听的表现。

[重点回顾]

1. 善于倾听并不是一味倾听而不回应，只有"你有来言，我有去语"的沟通，才能称得上是真正的沟通，这种沟通中的倾听才会更有意义。

2. 在某些时候，客户需要一些专业性的建议，如果客服人员无法满足客户的需求，那么就很难得到客户的认可。

注意客户言语中的弦外之音

> 一位优秀的客服人员在倾听客户说话时，不仅能听出客户的本意，还能听出客户的话外之音，从而了解客户的真实意图，为客户提供更加符合其需求的服务。

在某些情况下，有些客户并不愿意直接表达自己的想法，毕竟有些话是不能直说的。比如，在提出超出客服人员能力的要求或是拒绝客服人员的建议时，客户通常会选择委婉的说法，这样既可以表现客户的需求，又不至于让双方都感到尴尬。

客服人员在与客户进行沟通的时候，一定要留心客户言语中的弦外之音，千万不能天真地认为客户所说的就是他真正想要表达的意思。否则，这种倾听不仅无法令客户满意，还会对双方的沟通产生消极的影响。

情景1

王经理与一家培训公司签署合同，约定日期请对方为自己的员工进行业务培训。可是，培训公司并没有按照合同约定派人前来，于是他打电话询问具体情况。

客服人员：您好！××培训公司客服部。请问有什么可以帮您的？

王经理：你们能帮我的太多了，比如帮我培训员工什么的。

（王经理心情不佳，便以嘲讽的口吻说话）

客服人员：这是我们分内的工作，肯定会尽力为您做好的。

王经理：那么，你们的工作流程是怎样的呢？

客服人员：简单说来，我们会与有培训意向的公司进行沟通，如果双方能够达成一致，则会签订合同，然后按照合同的约定履行自己的职责。在这个过程中，如果您有任何的问题，随时可以与我们客服部联系。

王经理：流程还挺严谨，说得也很流利，跟电话录音似的。

客服人员：谢谢您的夸奖！不过这不是录音。

王经理：哦，不是录音啊！既然有相应的流程，为什么跟我签完合同却没有按照合同来给我的员工进行培训？

客服人员：啊？竟然有这样的事情？您先别生气，您早说存在这个问题，我早就帮您处理了。

王经理：你还真以为我是在夸你们啊？到底做得怎么样，你们自己不清楚吗？

……

情景2

丽娜前些天在一家网店买了一件衣服，可是收货之后发现，衣服的颜色和网上显示的差距太大了，所以她给了网店一个差评。网店客服人员发现了这个情况，于是打电话联系丽娜。

客服人员：您好！我是××服装店的客服，您前段时间在我们店里买了一件衣服，好像并不是很满意，因为您给了一个差评。能不能向您请教一下，有哪些方面让您觉得不满意呢？

丽娜：大体上还算满意，没什么太大的问题。

客服人员：既然您说大体上满意，那就肯定有不满意的地方，请您一定提出来，我们也好及时改进啊！是不是质量方面有问题？

丽娜：那倒不是，质量方面还算不错。

客服人员：那是材料不能让您满意吗？

丽娜：材料很好，穿起来很舒服。

客服人员：那就是款式方面的问题了？

丽娜：也不是，款式很新潮，我很喜欢。我觉得你们的设计师都很不错，只是不知道你们的摄影师是从哪里找来的？

客服人员：我们的摄影师也都是很专业的，只是因为光线等原因，拍出来的衣服总是更好看一些。您是不是觉得衣服有些色差，所以不满意？

丽娜：我也知道衣服会有一些色差，可是这色差也太大了，我看着就不喜欢。

客服人员：没关系，虽然有色差是正常的，但是您真不喜欢的话，我们可以为您办理退货。

丽娜：那多麻烦啊，再说了，衣服也值不了多少钱，还得花邮费，不值得。

客服人员：没关系，邮费由我们来出，麻烦您给寄回来就行了。

丽娜：那好吧，回头我把差评取消掉，你们的服务还是很不错的。

客服人员：谢谢您！以后还请您多多光顾，多提意见。

丽娜：嗯，一定一定。

看完上述两个情景中的案例，相信大家对"弦外之音"会有更多的认识。对于两位客服人员的表现，大家也一定有自己的判断。情景1中的客服人员并未真正领会王经理的意思，甚至将王经理的揶揄当作了赞扬，让人顿生可笑之感，王经理的愤怒自然很容易理解了。情景2中的客服人员则没有被丽娜所谓的"大体满意"迷惑，不仅一点一点地寻找丽娜不满的原因，还在找到根源之后主动提出了解决问题的办法，这促使丽娜主动取消了差评，无形之中增加了店铺的利益。

想要成为金牌客服，需要在倾听方面具有超出常人的理解能力和判断能力，能够从客户的言谈话语中抽丝剥茧，找到客户的真实意图。它们是十分重要的素质，客服人员应该注意努力加强，毕竟只有懂得客户的话中话，才能真正了解客户的心声。

［ 重点回顾 ］

1. 有些时候，客户所说的并不是他们真正想要表达的，只有透过现象看到本质，才能了解客户的真实想法和需求。

2. 客服人员的判断能力和理解能力，对于做好客服工作至关重要，因此要求客服人员时刻注意加强锻炼。

好记性不如烂笔头，重要内容要做笔记

一个人的脑容量毕竟有限，所以想要将所有的东西都记在脑子里并不现实，通过做笔记，则能很好地弥补这一问题，有助于客服人员更好地为客户服务。

在与客户沟通的过程中，会涉及很多的信息，仅仅依靠大脑去记忆，难免会有一些疏漏或是记错的地方。所谓"好记性不如烂笔头儿"，对于客服人员来说，一些重要的信息是需要随时记录的，只有这样，才能全面而真实地记录客户的需要，并根据这些需求为客户提供相应的产品和服务。因此，在开始沟通之前，客服人员最好准备一个笔记本，以便随时记录谈话要点。

情景1

张岳在某家具专卖店买了一个衣柜，可是刚刚用了一个星期，柜门就关不严了。张岳给客户服务部打了电话，说好三天之内上门维修，可是一个星期过去了，依然没见维修人员上门。于是，张岳又给客户服务部打了一个电话。

客服人员：您好！××家具客户服务部。请问有什么可以帮您的？

张岳：我要找5号客服员。

客服人员：您好！我就是5号客服员，很高兴为您服务。

张岳：上个星期你接过我的电话，说是三天之内派维修人员上门维修，可是这都一个星期过去了，你们的维修人员在哪儿呢？

客服人员：啊？维修人员没有过去吗？

张岳：废话！过来了我还用打电话问吗？

客服人员：真的很抱歉！没能及时跟进维修情况。能不能问一下您需要维修什么家具？

张岳：我上个星期就已经跟你说过一次了，还要再问？

客服人员：实在对不起！我每天接的电话太多了，一时记不清楚了。

张岳：柜门关不严！

客服人员：那是什么柜子呢？

张岳：衣柜！

客服人员：好的，我知道了。我还想再问一下……

张岳：哪儿来的这么多问题啊？你都不做记录的吗？你们的服务水平真是太差劲了！

情景2

李蕊在一家制药公司的客户服务部工作，她的桌子上总是放着一个大大的笔记本，以便于随时记录客户反馈的情况。一天，她接到一位客户的电话。

李蕊：您好！××制药公司客户服务部，请问有什么可以帮您的？

客户：你好，我前段时间在医院拿了你们公司生产的××药，吃完一个疗程之后感觉病情有所好转，于是又从你们那里订购了一个疗程的药，可是最近几天我感觉病情又有些加重了，不知道吃药有没有用啊？

李蕊：请问您之前给我们这里打过电话吗？

客户：打过啊，上个星期五我打过，订药的时候向你们咨询过。

李蕊：哦，您稍等一下，我查一下电话记录。

（李蕊找到上星期五的记录，发现恰巧是自己接的电话）

李蕊：不好意思，让您久等了。您是××市的张先生吧？

客户：是啊！上次的电话也是你接的吧？真没想到你还记得我！

李蕊：是我接的，我们的服务宗旨就是为所有的顾客排忧解难，对每一位顾客负责到底。

客户：这真是太好了！谢谢你！

李蕊：您不用客气，这是我应该做的。您上次反映的情况我都有记录，最近几天您感觉病情有什么变化吗？

（李蕊边问边在笔记本上做着记录）

客户：上次打电话的时候，我感觉身体好多了。可是这几天，我又感觉头有些发沉，也不知道是怎么回事。

李蕊：这个您不用过于担心，病情出现反复是正常现象，基本上每位病人都有这样的经历。您先别着急，等下个星期您开始服用第二个疗程的药时，病情就会有所好转的。

客户：是这样啊，你这么说我就放心多了。没事了，谢谢你啊！

李蕊：不用客气！祝您早日康复！有什么问题您可以随时来电咨询。

客户：好的。再见！

李蕊：再见！

情景1中的客服人员，不仅没有及时跟进维修进度，还没有对客户反映的问题做详细的记录，这让他在面对客户的质疑时显得手足无措。客户本来就有怨气，还要重复之前已经做过的工作，自然会对客服人员的表现相当不满。情景2中的客服人员，则通过做笔记的方式记录下了自己曾经接待的客户，这让客户觉得她很有责任感，因此对她充满信任，对她的工作也表示肯定。

对于客服人员来说，任何一位客户的事情都只是诸多需要关注的事情中的一件；可是对于客户来说，他的事情是唯一一件需要关注的事情。在这种责任不对等的情况下，客服人员无疑需要承担更多的责任和工作，才能尽量满足每一位客户的需求。想要事无巨细地做好每一项工作，做笔记是一个非常好的方法。将事情按照一定的顺序整理得井井有条，在需要查找和跟进的时候就会变得轻松许多。

[重点回顾]

1．客服人员每天都要与诸多的客户打交道，人多事杂，难免有遗忘或疏漏的事情，可是这并不能成为无法为客户提供良好服务的借口。

2．养成做笔记的良好习惯，可以帮助客服人员更加清晰地认识自己的工作，并从中发现客户的需求和为人处世的方式，这将对沟通起到积极的作用。

拓展练习

认真阅读下列陈述，判断其是"对"还是"错"。

1. 客服人员的任务是将产品或服务推销给客户，所以要以说服客户为主，客户说什么并不重要。

2. 倾听客户说话的目的是要找到客户的真实需求，这有助于精准定位，为客户提供更优质的服务。

3. 倾听客户说话的时候，仅有认真的态度是不够的，还要从客户的角度出发，将客户的事情当作自己的事情去做。

4. 公司的规定一定要遵守，如果因为规定而失去客户，客服人员并没有任何责任。

5. 倾听客户说话的时候，应该适时地进行回应，并给予相应的建议，这样才能达到良好的沟通效果。

6. 客户说话的时候，尽量不要去打断客户，应该给客户创造一个完整表达想法的环境和条件。

7. 与客户沟通时，要对客户坦诚相待，因为客户总是有什么说什么的。

8. 倾听客户说话，最好思想简单一点，没必要去揣摩客户的话是不是有什么隐含的意思。

9. 客服人员每天都要接待很多客户，连接电话的时间都很紧凑，如果再抽出时间做笔记，只会影响服务质量。

10. 优秀的客服人员，应该懂得简要地记录一些重要信息，这对今后的工作会有很大的帮助。

晓梅在一家心理咨询公司工作，总会遇到有各种心理问题的客户，但是她不急不躁，总是认真倾听客户诉说，并在适当的时候对客户进行开导或是给出相应的建议，这让她非常受欢迎，成了公司的明星员工。

一天，晓梅正在工作，有一位先生走进公司大门。她急忙迎上去，礼貌地向对方打招呼，并询问对方有什么需要帮助的。

"我最近一段时间总是失眠，我怀疑自己生病了。"那位先生有些难为情地说。

"您先请到屋里坐一下，我给您倒杯水。"晓梅将那位先生请进接待室之后，便去给他倒水。

很快，晓梅端着水杯回来了。

"您请喝水。"晓梅说，"您刚刚说总是失眠，其实这是一种十分常见的现象，您也不必过于着急。具体情况是怎样的，您能不能向我介绍一下？"

"好的。"那位先生开始说，"我是一名作家，平时喜欢在家写书，所以与外人的交际不多，在处理人际关系方面存在一定的问题。最近一段时间，我的创作出现了瓶颈，思路总是打不开，我想寻求帮助，可是又找不到倾诉的对象，所以常常感觉十分焦虑。"

说到这里，那位先生停顿了一下。

晓梅抓住机会，赶忙说道："您是作家啊，真是了不起！太令人佩服了！您不善交际，那您有什么爱好呢？您的经历对您的写作很有帮助吧？"

"说到爱好，我也有些看不懂自己。"那位先生显得有些茫然，"一方面，我很喜欢旅游，曾经独自游览过很多地方。为了省钱，我甚至进行过徒步旅行，在上高原的时候，我还差点送了命。另一方面，有的时候我又喜欢把自己关起来，不想和任何人说话，尽管我会觉得非常孤独。"

"照您这么说，您还真是个与众不同的人。"晓梅说。

"只要你不觉得我有些神经不正常就好。我都很久没和人说这么多话了，能和你聊聊天我觉得心里舒服多了。"那位男士轻松地说。

"哪里啊？我没觉得您有什么不正常的。您的阅历很丰富，听您说话，我受益匪浅啊！"晓梅满脸笑容地说。

"那就好，那就好。我现在感觉好多了，说不定晚上能睡个好觉。"那位男士脸上充满了期待。

"如果您今天晚上能睡个好觉，那就最好不过了。如果还是失眠，我建议您明天再过来一趟，请我们的心理师帮您分析一下，看看究竟是什么原因造成的失眠，然后再对症下药，相信您的睡眠质量会有所提高的。"

"好的！真是太感谢你了！"那位先生激动地说。

"不用客气！这都是我应该做的。"晓梅边说边起身送那位先生出去。

在与客户沟通的过程中，晓梅发现他有些难为情，心中有想法却不好意思表达，于是她适时地通过提问来引导客户说话。当客户打开话匣子的时候，她又变身忠实而认真的听众，令客户放松了心情，得到了良好的体验。

快问快答答案

1.错 2.对 3.对 4.错 5.对 6.对 7.错 8.错
9.错 10.对

第四章

将产品推介给客户的有效技巧

巧妙而准确的推介手段可以提升客户的消费欲望，有助于促成交易。可以说，包括如何介绍商品、优惠政策的使用等在内的推介手段，都是客服人员应该掌握的服务技巧，将这些技巧巧妙地融入与客户沟通的过程中，将会对说服客户起到潜移默化的作用，令客户在不知不觉中受到影响，进而做出购买的决定。

"摸底排查"，探寻客户的核心需求

> 客户对产品的需求，是其购买产品的原因和动力，对于客服人员来说，找到客户的核心需求，并据此采取推介手段，往往会对客户产生更大的吸引力，有助于达成销售目的。

对于客户来说，之所以购买商品，是因为它具有某些特性，客户可以通过使用商品来满足自己的某些需求。所以说，那些切实符合客户需求的产品，才会有市场、有价值。

在向客户介绍产品之前，如果可以找到客户的核心需求，就能重点介绍客户感兴趣的内容。一旦客户被重点内容吸引，他们就会很容易做出购买的决定，这不仅可以节约客服人员的时间和精力，对于客户来说也是一种倍感满足的美好体验。

在探寻客户核心需求的过程中，我们可以运用美国心理学家马斯洛提出的需求层次理论，更有针对性地为客户提供相应的产品和服务。

根据马斯洛的需求层次理论可知，人类的需求可以分为五种，即生理需求、安全需求、社交需求、尊重需求和自我实现需求。处于不同需求层次的客户，往往会表现出不同的消费心态和习惯，下面我们就来一探究竟。

1. 生理需求

这是一种最为根本的基础需求，有这种需求的客户只是为了满足最基本的生理需要，比如吃饭、喝水、睡觉等。这类客户对产品并没有太高的要求，只要产品具有一般性的功能，他们就心满意足了。在同质产品差别不大的情况下，价格会成为这类客户关注的焦点。

一旦客服人员确定这类客户的需求，就可以考虑在价格方面给予相应的优惠，这会对他们产生极大的吸引力。

2. 安全需求

这种需求要比生理需求更高级、更复杂一些，有这种需求的客户对产品的要求不仅局限于一般性的功能，同时也更关注产品是否会对身体造成影响。对于这类客户来说，在满足生理需求的同时，产品的功能性也是其考虑的因素之一。

对于这类客户，客服人员应该在沟通的过程中强调产品的功效及安全性。如果仅仅依靠价格优势，通常无法达到良好的推介效果。

3. 社交需求

社交需求是第三层次的需求，有这种需求的客户对社会交际有着十分明确的要求，他们的关注点往往放在如何提升个人形象，以便在交际圈中获得更多的认可上。所以那些有助于提升交际能力或是美化个人形象的产品，对他们会有较大的吸引力。

对于这类客户，客服人员应该紧紧抓住其参与社交、联络感情的心理，围绕人与人之间的关系和情感展开推介，这样往往可以起到意想不到的好效果。

4. 尊重需求

每个人都有尊严，也都渴望赢得别人的尊重。为了赢得尊重，有些人希望通过外在的商品来显示自己的与众不同或是尊贵地位。这样的客户往往会选择一些高端的商品，来表现自己的高端品位。

对于这类客户，客服人员应该使用一些可以彰显他们地位、身份的词语，这会让客户十分受用，更乐于接受客服人员的建议。

5. 自我实现需求

自我实现需求是五种需求中层次最高的需求，这种客户通常对某些产品有固定的需求，他们购买和使用产品，是为了彰显个人的价值。

对于这类客户，客服人员应该突出介绍产品的独特属性，告诉客户产品是如何展现他们的自身品位及价值的，争取让客户产生信赖感。一旦客户决定使用客服人员推荐的产品，那么他们通常就会变成忠实无比的客户。

从上述内容不难看出，不同的客户群体之间，各自的需求也是不同的，想要推介产品，首先要搞清楚客户的核心需求，这样才能保持较高的针对性，提高交易成功的可能性。如果客服人员对每位客户都使用相同的说辞，那么十有八九会让客户感觉不满，推介最终会以失败告终。

[重点回顾]

1. 人的需求可以分为五个层次，分别是生理需求、安全需求、社交需求、尊重需求和自我实现需求。

2. 不同的客户群体，通常处于不同的需求层次，客服人员应该针对客户的核心需求展开推介活动，这样成功的可能性会更高一些。

细致描述，全面展示产品特点

> 　　客户在决定购买产品之前，通常希望对产品有一个比较全面的了解，对于产品可能打动客户的特点，客服人员介绍得越多，客户就越可能对产品产生兴趣，对客服人员产生好感。

　　客户在购买产品之前，难免会有一些顾虑，担心质量问题或是怀疑产品无法满足自己的需求等，这些都是正常的现象，毕竟每个人都希望买到物美价廉、实用性强的产品。

　　客户的顾虑或怀疑，会对他们是否购买产生很大的影响，客服人员应该尽可能全面地向他们介绍产品的特点，让客户对产品有充分而真实的了解，这将促使客户做出购买的决定。

　　客服人员在描述产品之前，首先要仔细分析客户的心态，揣摩他们的真实意图。尤其是对于那些初次尝试购买某种产品的客户，客服人员更要尽可能详细地介绍产品，以便从多个方面消除他们的顾虑和怀疑，从而让他们下定购买的决心。

客服人员：您好！不知道有什么可以帮助您的？

客户：我想买一个电饭锅。

客服人员：哦，您有没有比较中意的品牌？

客户：我的朋友推荐说××品牌的比较好，可是我之前没用过，不知道怎么样。

客服人员：这个品牌口碑是挺好的，咱们店里也有，不然我帮您介绍几款，您考虑一下？

客户：好的。

（客服人员拿出几款××品牌的电饭锅）

客服人员：您看，这几款是目前销量比较好的。

（客户逐个看了看，看中了其中一款）

客户：这个怎么样？能不能详细介绍一下？

客服人员：当然可以！这是今年的新品，非常适合家庭使用。它的外形非常美观，给人一种淡雅的感觉；它可以用来蒸米饭、煮粥、熬汤、炖肉等，功能非常齐全，使用也很方便；它有三种不同的容量配置，您可以根据家人的数量自由选择；它的质量非常可靠，而且配备两个内胆，您可以根据不同的需要替换使用；它还有预约功能，可以让您一回家就吃到香喷喷的米饭。

客户：听起来很不错呢，可是我还有一个问题。

客服人员：什么问题？您请说。

客户：这个电饭锅操作起来简单吗？我是给外婆买的，怕她不会用。

客服人员：这一点您尽管放心，这款电饭锅设计了独立按钮，即便是老人也可以轻松地操作。

客户：是这样啊，那我就买一个吧！

客服人员：好的，我帮您拿一个新的出来。

客户：嗯，谢谢了！

　　面对一个充满疑惑的客户，客服人员介绍了电饭锅的外形、功能、容量、质量等方面的内容，让客户对电饭锅有了更全面的认识，对于其操作难易的疑惑，客服人员也给予了令客户满意的回答，最终让客户做出了购买的决定。

　　对于客服人员来说，面面俱到地介绍产品是一个赢得客户信任的好方法。这个技巧看似普通，但是要求客服人员详细了解产品的信息，当客户提出问题时，可以迅速而巧妙地给予回答，这样才能让客户感受到客服人员的责任心。一旦客服人员得到了客户的认可，那么接下来的沟通就会变得简单起来，交易也会在轻松、融洽的氛围中达成。

[**重点回顾**]

　　1．客户质疑产品，这是人之常情，客服人员千万不可认为是客户没事找事，而要以积极的态度去描述自己的产品，越是全面，客户越会对产品产生正确的认识。

　　2．想要细致地描述产品，客服人员需要详细了解产品的信息，包括性能、材质、产地、厂家等在内的信息都应该牢固掌握。

用关键卖点打动客户

> 任何一件商品，都有其与众不同的特点，在不同的场合，这些特点可以变成不同的卖点。如果客服人员可以将卖点与客户的需求结合在一起，那么就会很容易打动客户，赢得客户的认可。

通常而言，产品的卖点对客户具有很大的吸引力。倘若客户完全被卖点打动，真正对产品产生了喜爱之情，那么就算价格高一些，客户也是可以接受的；倘若产品十分普通，没有什么吸引人的卖点，那么即便价格很低，客户也不会选择购买。

所以说，客服人员在向客户推介产品的时候，首先应该将产品的卖点告知客户，让客户知道产品有何优势。当客户认可这种优势，认为这是一个好产品的时候，达成交易就是一件相对简单的事情了。

赵强将椅子的链接发给了客服人员。

客服人员：您好！请问有什么可以帮您的？

赵强：我想问一下，这把椅子的价格可以便宜一点吗？

客服人员：亲，价格是小事情。我先给您介绍一下这把椅子的功能，您觉得怎么样？

赵强：关于功能，我已经在网页上看到了。

客服人员：网页上介绍的并不是非常全面，毕竟页面有限，有些内容无法全部显示。

赵强：那好，你说吧！

客服人员：买椅子肯定希望坐着舒服，这一点不用多说。除了舒适之外，其实椅子对脊柱的影响是很大的。相信您也知道，如果坐姿不佳，我们的脊柱将会发生侧弯，甚至发生形变。很多人之所以出现脊柱、颈椎或是腰部的问题，就是因为长期坐姿不良导致的。所以说，买椅子的时候最好选择那些有助于保持良好坐姿的椅子，您说是不是？

赵强：从保护身体方面考虑，你说得没错。

客服人员：我们的这款椅子是根据身体力学以及人体的骨骼构造设计的，即便坐的时间长一些，也比一般的椅子更舒服一些，不会让您感觉疲惫。而且，这款椅子的弹簧的数量比普通椅子的多了一倍，耐用性更强，不容易变形。另外，这款椅子的腿是用纯钢打造的，结实耐用，延长了椅子的使用寿命。整体而言，我们这款椅子的平均使用寿命是普通椅子的两倍多，您完全可以放心使用。

（赵强工作的时候总要坐很长时间，所以听完客服人员的介绍之后有些动心，但他还是希望价格能够便宜一些）

赵强：你说的这些确实都很好，但是在价格上能不能优惠一些呢？我在其他商家看到的类似的椅子，最多只要800元而已，比你家这个便宜了500多。

客服人员：相信您已经对市场上的椅子都进行过调查和比较了，所以其中的差别您一定很清楚。您说的那种椅子，我们店里也有，而且只要700元而已，可是比较一下就不难发现，还是这款椅子比较划算，毕竟使用寿命长很多，对您的身体也更有好处。

赵强：你说得也有道理，好吧，我就买这款吧！

客服人员在介绍椅子的时候，强调了椅子对脊柱、颈椎等身体部位的影响，让客户知道一把好的椅子对身体健康有着极大的影响。客户为了保护自己的身体，所以接受了客服人员的建议，即便是多花了一些钱，还是决定买下椅子。

向客户推介产品的时候，客服人员应该尽量介绍能够打动客户的关键卖点，只要客户被卖点打动，那么交易就完成了一大半。当然，客服人员在向客户介绍卖点的时候，一定要实事求是，不能过度夸张，否则就会让客户产生被欺骗的感觉。另外，如果客服人员可以抓住客户的关注点，并根据他们的关注点去介绍相应的卖点，相信交易会更加容易达成。

[重点回顾]

1．每种产品都有其独特的卖点，客服人员应该在了解产品之余，努力找到最大的、最迎合客户需求的卖点，这对推介工作会有很大的正面帮助。

2．通常而言，一件产品的卖点其实并不是只有一个，客服人员应该学会针对不同的客户去介绍不同的卖点。因人而异的推介手段是优秀的客服人员都会掌握的一种技巧。

以最快的速度解答客户的疑问

> 客户对产品产生疑问，是因为他们想更多地了解产品，想确保个人利益最大化。客服人员如果可以及时为客户答疑解惑，那么客户心中自然会觉得更加满意。

当客户有疑问或是不懂的问题需要询问时，客服人员应该以最快的速度给予解答，即便无法立刻找到解决的方案，积极的态度也会让客户觉得十分舒心，受到重视的他们会以良好的态度与客服人员进行沟通，这对客服人员展开工作是有积极意义的。

而且，现代社会的人们，生活节奏很快，时间异常宝贵，哪怕是一分一秒的时间，也要好好珍惜。当客服人员为客户节约时间的时候，客户自然也会节约客服人员的时间，这就免去了很多鸡毛蒜皮的计较，对于客服人员成功推介产品会有很大的促进作用。

唐媛：亲，有什么可以帮助您的？

客户：我想买一台电视机，有没有什么好的推荐？

唐媛：亲，您对电视机有什么具体的要求呢？

客户：我也不知道现在的电视机都有什么功能，你给我介绍一下吧！

（通过对方的话语，唐媛觉得这位客户是非常和善的，应该很容易就能达成交易，于是她给对方发了一款电视机的链接）

唐媛：您先看一下这款电视机，这是最新出口型产品，在国外卖得非常好。各种功能齐备，一些配置处于市场领先的位置，过几年也不会落伍的。而且外观非常好看，整体效果也很好。

客户：嗯，其实我对电视并没有太高的要求，功能太多的话反而不容易操作。有没有什么易于操作的机型可以推荐？

唐媛：我们的电视机通常都易于操作，我给您介绍的这款，还有语音和网络连接功能，您想看什么节目，只要对着遥控器说一下，就能直接跳转过去，这样多方便啊！

客户：这么说来，确实是挺方便的。不过，价格好像贵了点，能不能便宜点？

唐媛：与其他卖家相比，咱们店里已经是最低价了，这个您一比较就能知道。

客户：同款的相比，它确实是最便宜的，可是跟一般的机型相比，价格稍高了一些，我担心性价比不高啊！

唐媛：这个您不用担心，这款电视的配置先进，与一般机型相比有很大的领先优势，价格高一些，但是使用的时间也能长一些，总体而言，买它还是比较划算的。如果您买一台便宜的，过不了两三年也许就跟不上潮流了，到时候还是要换，那不是更浪费？您说呢？

客户：嗯，说得也对啊！那好，就买这款吧！

面对客户的种种疑虑，唐媛没有觉得烦躁，更没有置之不理，而是以最快的速度为客户解答疑问，让客户可以明明白白购物。对于客户来说，这种对电视的明确认知感是很重要的，虽然价格有些贵，但至少物有所值，这让客户得到了心理上的放松和满足。正因如此，唐媛才做成了这笔生意。

客户购买的每一件产品，都与自身的利益密切相关，所以他们总希望在购买之前便对产品有清晰的认识。有的时候，即便他们已经十分清楚某些问题，可是在购买之前依然会向客服人员询问。他们之所以这样做，无非是希望得到一个肯定的答复而已。如果客服人员积极而及时地回应他们，他们就会得到心理上的满足，对客服人员充满好感，这有利于客服人员推介产品，达成交易。

[重点回顾]

1. 客户有疑虑，是因为这关系到他们的切身利益，从另一个角度来看，有疑虑就说明他们有购买的意向，所以这是一个积极的信号。

2. 对于客户的疑问，客服人员应该以最快的速度、最合适的话语进行回应，这会让客户感觉受到了尊重，从而得到心理上的满足。

通俗易懂的语言更容易打动客户

> 有的客服人员很喜欢在介绍产品的时候使用一些专业术语，认为这样可以显示自己的专业水准，殊不知，许多客户对专业术语并不了解，因此而失去了沟通的欲望。

对产品的了解和熟知，是客服人员应该具备的基本素质之一。但是，具有了相关知识，并不意味着要照本宣科地用在与客户的沟通中。尤其是一些高科技或是专业性较强的产品，更不能一味地使用专业术语，因为这些专业术语虽然看似专业，但是很多客户并不明白其中的意思，这就会造成沟通障碍，令客户失去继续沟通的欲望。

所以说，在与客户沟通的时候，一定要尽量使用通俗易懂的语言。让客户听得懂你在说什么，他才能和你进行愉快的沟通，如果两个人只是说一些风马牛不相及的话，这样的沟通对双方而言没有任何益处。

客服人员：您好！先生，有什么可以帮助您的？

韩涵：我想买一套古典家具，随便转转。

客服人员：哦，这样啊，咱们这里就是专门卖古典家具的。不知道您喜欢哪种样式的？

韩涵：我看古装电视剧里的一些家具挺漂亮的，所以才想买一套。

客服人员：哦，有些古典家具确实很好看。那您想买霸王枨的还是罗锅枨的？

（韩涵听得一头雾水，只好敷衍了事）

韩涵：这个嘛，我还在考虑，看看再说。

客服人员：那您喜欢夹头榫还是插肩榫？

（韩涵依然不明就里，只好继续打马虎眼）

韩涵：我觉得都还不错，都行。

客服人员：那您是喜欢……

（客服人员还没说完，韩涵就打断了他）

韩涵：我还没决定要不要买呢，只是随便转转，有需要的话我再过来吧！

韩涵迅速走出了这家家具店，到另一家家具店转悠去了。在第二家家具店里，客服人员不仅态度热情，而且用一些韩涵能够理解的语言向他介绍一些古典家具，并在家具上指出一些专业名词所指代的部件，韩涵饶有兴致地听客服介绍，不仅与客服人员进行了融洽的沟通，还从中学到了不少知识，于是他最终决定买下了一套家具。

从对比中不难发现，第一家家具店的客服人员输在了使用专业术语上，韩涵对古典家具了解不多，对专业术语更是一窍不通，因此很难理解客服人员所说的话，在这种情况下，双方的沟通是很难继续下去的。而第二家的客服人员则不同，他将专业术语通过通俗易懂的方式表达出来，而且通过实物帮助韩涵理解专业术语的含义，这种方式无疑让韩涵更加受用，他从第二家购买家具自然是水到渠成的事情。

优秀的客服人员，不仅需要专业的知识，更需要具备将专业变为"非专业"的能力，要知道，只有让客户听懂你说的话，沟通才可能继续下去。如果客服人员所说的客户一句都听不懂，即便再专业，对于客户来说也是毫无价值的。这样的沟通对于双方而言都没有丝毫的意义，无非是在白费口舌而已。

[重点回顾]

1．客户购买产品之前，需要了解产品的相关信息，客服人员应该以客户能够理解的语言进行介绍，否则只会增加客户的反感。

2．对于客服人员来说，掌握专业的知识十分重要，但这并不意味着在任何场合都要表现自己的专业性，尤其是在与客户沟通时，专业术语很可能会成为沟通的阻碍。

拓展练习

认真阅读下列陈述，判断其是"对"还是"错"。

1．对于处于生理需求层次的客户来说，产品的价格是一个极大的影响因素，物美价廉的产品更加受他们的欢迎。

2．客户对产品都有自己的要求，但并不是每个人都有自我实现的需求。

3．对于那些总是对产品充满质疑的客户，没有必要和他们浪费口舌，因为他们并不是真想买东西。

4．客服人员的工作主要是为客户提供服务，对于产品并不需要过多地了解。

5．一件产品的卖点，对客户往往具有极大的吸引力，利用好这一点，将对达成交易产生积极的影响。

6．所有产品的卖点都是固定的，无论客户是怎样的，只要按照固有的方式进行介绍就可以了。

7．有的时候，客户的疑问并没有道理，对于这种问题，可以视而不见，不予理会。

8．客户的疑问，就是客服人员的疑问，客服人员应该以认真而负责的态度，去解答客户的每一个问题。

9. 在推介产品的时候，客服人员应该多使用一些专业术语，这样可以表现自己的专业性。

10. 客服人员应该以生动形象、通俗易懂的语言来介绍产品，这样客户会更容易接受，沟通起来也会更加顺畅。

相关案例

杨洋是一家汽车销售公司的客服人员，一天，他接待了一位前来看车的赵先生。

"您好！先生。看看车啊？"杨洋热情地和赵先生打招呼。

"嗯，我想换辆车，之前的那辆有些旧了。"赵先生的态度很和蔼。

"那么您对车型有什么要求？"杨洋试探着问。

"我想要空间大一点的。现在有孩子，空间大一点带东西方便。"赵先生脸上洋溢着笑容。

杨洋从赵先生的笑容中看出他非常疼爱自己的孩子，所以认定安全性是一个有效的突破口。

"价位方面呢？您怎么考虑？"杨洋再次发问。

"自家用的车，太贵也承受不起，总价20万以内吧！"赵先生非常坦诚地说。

话说到这里，杨洋已经对赵先生的需求有了大致的了解。考虑到赵先生驾驶经验丰富，杨洋觉得已经没有必要向他介绍汽车知识了，直截了当地向他推荐车型即可。

"先生，请您跟我来，我综合考虑了一下您的要求，觉得这款车非常适合您。"杨洋边说边引领赵先生来到一辆汽车前。

"这款车空间倒是还可以，其他还有什么优点呢？"赵先生问。

"这款车最大的优点是安全性高，刚刚您说家里有孩子，为了孩子的安全，我觉得还是应该要求安全性能好一些，您说呢？"

　　"你的这个想法倒是和我不谋而合。"

　　"在同等价位的汽车中，这一款的安全性是最高的，我觉得应该能够符合您的期望。"

　　"这车多少钱？"

　　"实话实说，价格比您预期的价格贵了一点，办完所有手续之后，应该在22万左右。"

　　"哦，这样啊，那我得好好考虑一下。"

　　"买车本来就是大事，是该好好考虑一下。不如这样吧，您可以试驾一下，亲身感受一下这款车是不是像我说的那样。"杨洋提出了建议。

　　"好的，我试试。"赵先生欣然接受了杨洋提出的建议。

　　试驾之后，赵先生发现汽车的减震效果很好，发动机的声音很小，状态也很稳定，整体而言，这款车确实不错，只是价格方面确实超出了自己的预算，因此他有些犹豫。

　　看到这种情况之后，杨洋不失时机地对赵先生说："价格方面确实超出了您的预算，但是安全性能绝对超出同等价位的汽车一大截。虽然贵了几万块钱，但是开起来踏实多了。如果您的预算确实不够，咱们这里也有价位低一点的车，只是安全性肯定没有这款车高，从孩子的安全角度考虑，我才给您推荐了这款车。综合而言，我个人认为这款车是比较适合您的。您自己也可以再考虑一下，如果实在觉得不合适，我可以再为您推荐其他的车型。"

　　"好吧，我先回家跟家人商量一下，明天再告诉你最后的结果。"

　　第二天，赵先生又来到汽车销售公司，决定购买杨洋推荐的那款车。

从赵先生的言语中，杨洋不仅听出了他对汽车的要求，还听出了他对孩子的爱。为了自己的孩子，相信每个父母都愿意做出一些让步甚至是牺牲。正是抓住了赵先生的这个关注点，杨洋才将汽车的安全性当作了推销的卖点，并最终让赵先生以超出预算的价格购买了一辆汽车。不得不说，杨洋是一个优秀的客服，他用自己的观察力和口才，拿下了订单。

快问快答答案

1. 对　2. 对　3. 错　4. 错　5. 对　6. 错　7. 错　8. 对

9. 错　10. 对

第五章

客户有顾虑，给他吃颗定心丸

客户在购买产品之前，难免会产生一些顾虑，诸如质量不好、产品落伍、档次不够之类的担心，总会影响客户做出购买的决定。客服人员首先应该理解客户的顾虑，以积极平和的态度为客户消除顾虑，一旦客户吃下定心丸，沟通起来就会顺畅很多。这个过程不仅考验客服人员的心态，更考验客服人员应对质疑的能力。

担心产品质量没有保证

　　任何一个客户，都希望买到物美价廉的产品，而对于一些价格很低的产品，又担心"便宜没好货"，对于这种问题，产品的口碑是最好的证明。

　　俗话说："一分钱，一分货。"由此不难看出价格和质量之间存在着十分密切的关系，好的品质自然需要较高的价格来与之匹配。这也难怪有些人会直接将质量和价格联系在一起，认为价格高的就是质量优良的，价格低的就是质量低劣的。有些人甚至认为，要做到"物美"就很难做到"价廉"，要保证"价廉"就不易保证"物美"。

　　事实真的如此吗？当然不是！随着科技的发展和进步，我们的生活正变得越来越便捷，各种各样的网上商店如雨后春笋般冒了出来。与实体店相比，网店由于省去了运输、店面、仓储、人工等方面的费用，所以成本有所下降，价格比实体店低一些是非常正常的事情。另外，由于促销、清仓、换季之类的原因，产品的价格也会随之降低。类似这样的原因造成的低价，并非产品质量不行，而是商家销售方式改变的结果。

客服人员如果可以从价格低廉的本质上入手，让客户知道产品是物美价廉的，相信客户就会产生很强烈的购买欲望。

小林：您好！不知有什么可以帮您的？

客户：我想买双篮球鞋，不知道有没有合适的可以推荐给我？

小林：现在我们家的鞋子有一款卖得非常火爆，您可以看一下。

（说完，小林便将鞋子的链接发给了客户）

客户：我看了一下，从介绍的内容来看，还算不错，减震之类的功能我也很满意。只不过，这鞋子为什么这么便宜？不会是残次品吧？

小林：这个您尽管放心，我们是专卖店，都是从厂家直接拿货的，质量没有问题。

客户：那为什么比商场里卖得还便宜呢？

小林：我们在网上销售，节约了在商场的租金，也节约了售货员的费用，其他一些实体店需要的费用，我们也都省下来了，所以我们的经营成本相对低一些，价格自然也跟着低一些。说白了，就是节约了中间环节的费用，然后让顾客得到实惠。虽然我们的价格低，但是鞋子绝对是正品，不会有问题，您可以通过厂家的售后服务热线或是扫码进行查询。如果鞋子出现质量问题，您可以退货，邮寄的费用由我们负责。

客户：既然你说得这么肯定，我就相信你。希望不会让我失望。

小林：您尽管放心，质量上绝对不会让您失望的，我们这里都是原厂生产的产品。

面对客户因价格低而产生的对质量的质疑，小林从根本上分析和解释了价格低的原因，客户不仅得到了想要的答案，还感觉自己得到了实实在在的利益，这是一种非常聪明的应答方式，令客户倍感满意。

很多情况下，客户对产品的质量提出质疑，因为他们希望自己购买的产品能够有质量保证，在得到客服人员的肯定答复之后，他们购买的决心才能更坚定。对于客服人员来说，产品质量是很难描述出来的，这时候，可以借助品牌的口碑去消除客户的疑虑，告诉客户自己的产品多么可靠、多么受欢迎，从侧面表明产品质量可靠。毕竟，如果质量不好，肯定就不会获得那么多人的认可，从某种意义上说，产品的口碑就是质量好的最佳证据。

[重点回顾]

1. 在有些人看来，"物美"和"价廉"是相互矛盾的，根本无法共存，所以客服人员要通过自己的努力去改变客户"便宜没好货"的认知。

2. 产品的优良质量会为产品带来良好的口碑，而良好的口碑反过来又能证明产品的质量值得信赖。

担心产品跟不上潮流

> 客户购买产品，不仅追求实用，有时还会考虑流行的因素，所以，当客户担心产品跟不上潮流时，客服人员可以将当下的流行元素融入产品介绍之中，让客户知道产品是紧跟潮流的。

在购买产品的时候，很多客户会将流行、时尚作为考虑的因素之一。尤其是在购买服装、鞋子、帽子等穿戴用品时，更会将是不是紧跟潮流当作重要的评判标准。

在与客户进行沟通的时候，客服人员常常会遇到类似的问题，能否顺利地消除客户的这种顾虑，是衡量客服人员是否优秀的重要标准之一。

客户：我看你们店里的促销活动很多啊，是不是去年的产品要清仓了？

客服小赵：我们店里的产品都是今年的新品，并不是要清仓。

客户：这款空调促销力度这么大，也是今年的新款？

客服小赵：是的。

客户：那我就有些搞不懂了，为什么价格这么低？

客服小赵：您有所不知，下个月是我们店开业三周年，现在的活动是为店庆预热呢！

客户：哦，这样啊，那我就等下个月再来买。

客服小赵：这款空调是我们为了回馈新老客户推出的低价机，数量有限，卖完为止。要是一直卖这么低的价格，我们可是承受不起啊！

客户：说得也是，那好吧，我先买一台，正好家里的新房要装。

当客户质疑产品是去年的旧货，已经过时的时候，小赵用店庆来解释其中的缘由，产生了很高的可信度，促使客户做出了购买空调的决定。

客户：我看你家店铺在做活动，鞋子的价格都降了很多啊！

客服真真：是的，我们现在有促销活动，购买鞋子很划算哦！

客户：我确实很想买双鞋子，可是我大致看了一下，发现有几双鞋子和我前年买的是一样的款式啊！

客服真真：我们的鞋子都是今年的新款，应该不会出现您说的这种情况。能不能麻烦您把链接给我发一下，我看一下是不是用错了图片。谢谢您了！

（客户把链接发给了真真，真真仔细对照了一下）

客服真真：亲，再次感谢您哦！一看就知道您是我们家的老客户，一直关注我们的鞋子。这几款鞋子确实和前年的款式有些像，但是并不一样。今年的鞋子，我们融入了矮跟、漆皮、红色等流行元素，请放心，穿出去一定是非常流行的。

客户：仔细一看，还真的是有所不同，那我就可以放心购买了。

客服真真：谢谢惠顾，欢迎您下次光临。

在这个案例中，客户自己的疏忽是她误认为鞋子过时的原因所在，但是客服真真并没有妄下结论，而是经过核实后才道出了真相。这种做法既维护了客户的面子，又消除了客户的质疑，可见真真是一个十分优秀的客服人员。

　　客户对于产品过时的担心，源于他们害怕产品已经被市场淘汰，唯恐自己跟不上潮流的脚步。对于这种追求时尚的客户，客服人员只要指出产品中的流行元素，那么客户很容易就会被说服，之前的顾虑瞬间就会烟消云散。

[重点回顾]

　　1．对潮流元素的担忧，表现出客户对时尚的追求，只要产品可以满足客户这方面的需求，客户的顾虑便会烟消云散。

　　2．优秀的客服人员要做到对市场潮流了如指掌，只有这样，才能从容应对客户提出的质疑，并通过自己的言语让客户满意。

担心品牌可信度不高

　　客户对品牌的信任程度与其购买决定有着十分紧密的联系，越是认可的品牌，他们越是放心购买。当客户质疑品牌的可信度时，原因或许是多方面的，但是客服人员只要能够抓住客户的心理，那么所有的问题都将迎刃而解。

　　对于陌生品牌的商品，客户往往会产生一定的质疑，怀疑商家卖的不是正牌商品或是认为品牌的可信度不高，这个时候，客服人员就需要通过自己的智慧去消除客户的疑虑。从某种意义上说，客服人员能否将客户的疑虑消除，决定着客户是否会做出购买的决定。

　　无论是何种品牌，以何种方式经营，都是一种发展的模式，或许暂时无法获得认可，但是经过长期的积累，相信它也可以形成自己的客户群体。对于客服人员来说，不仅不该将客户的质疑视作发展的阻碍，更应该将它视作前进的动力，视作获取成功的垫脚石。要知道，客户对品牌的不信任，源于他们对产品的不了解，如果可以通过自己的努力去赢得客户的信任，那么品牌的生命力将会变得更加强大。

客户：你们店里的包是正规厂家生产的吗？怎么都没听说过？

客服丁丁：我们是正规厂家，只是创立时间不长，所以很多人还不太熟悉。

客户：新创立的品牌啊，那质量方面有保证吗？

客服丁丁：这个您尽管放心，虽然知名度不太高，但是质量肯定有保障，我们的宗旨就是"以质量求发展"。

客户：以前也没买过这个牌子的包，还卖得这么便宜，总觉得不太放心啊！

客服丁丁：我们正在推广品牌，所以才低价销售，如果我们的品牌知名度很高，肯定也不是这个价格了。

客户：这倒是实话，要是价格跟大品牌一样，恐怕也没人买了。

客服丁丁：是啊，我们就是薄利多销，想扩大知名度，但是质量是没有问题的，我们的包终身保修，您可以放心使用。如果对质量没有信心，我们也不敢做出这样的承诺，您说呢？

客户：说得倒是在理。那好，我买一个试试看。

客服丁丁：选择我们，绝对不会让您后悔的。欢迎您下次光临。

丁丁遇到的客户，大部分都会对品牌的可信度产生怀疑，这是因为品牌刚刚创立不久，知名度不高。即便物美价廉的东西，由于陌生，人们也不愿轻易相信客服人员的宣传。面对这种情况，丁丁并没有气馁，而是以积极的心态和合理的解释赢得了客户的信任，最终达成了交易。

人们对未知的东西会感觉恐惧，所以不愿去尝试新鲜事物，客户对新品牌产生的怀疑，也就不难理解了。实际上，任何一个品牌的成长都需要一个周期，从创立到变成名牌，要经过市场的不断洗礼，随着客户认可程度的不断提升，品牌的可信度也逐渐提高。对于客服人员来说，这是一个很大的挑战，但是只要能够抓住客户的心理，从他们关注的焦点入手，就可以让他们做出购买的决定。相对而言，销售新品牌的产品会困难一些，但是这个过程对客服人员的锻炼也更多一些，有助于客服人员提升能力，更快地获得提升。

[**重点回顾**]

1．一个新创立的品牌，市场认知度肯定不是很高，客户产生怀疑也是正常现象，客服人员应该正确认识这种局面，通过自己的努力去改变客户的认知。

2．客户质疑品牌的可信度不高，更多是出于担心自己的钱花得不值，客服人员可以从心理层面进行分析，给予客户满意的解答之后，他们就会做出购买的决定。

担心产品档次不够高

任何类型的产品，都有档次的差异，有些客户对档次的要求很高，总想追求精品，这个时候，客服人员如果强调产品的高端特质，往往可以吸引客户的注意力。

　　一些购买力较强的客户，往往十分关注产品的档次，对于他们来说，只要档次够高，价格不是问题。所以，在购买产品的时候，他们往往会认真审视自己想要购买的产品，并对产品是否够档次产生怀疑。

　　对于这类客户，客服人员应该在产品档次上下足功夫，着重突出自己的产品在同类产品中的高端品位，以及产品的与众不同之处，相信可以赢得客户的青睐，最终达成交易。

　　客服小亮：您好！请问有什么可以帮您？

　　客户：我想买个耳机，可是不知道哪种好。

　　客服小亮：您主要在什么场合用呢？

　　客户：我喜欢运动，想在运动的时候听听歌。

客服小亮：那我建议您买一款无线运动耳机，听歌、运动两不误。

客户：我也这样觉得。你给我推荐一款吧！

客服小亮：好的。我觉得这款不错，您可以看一下。

客户：看起来档次不是很高啊，感觉材质不好，摸起来不是很顺滑。

客服小亮：运动的时候容易出汗，所以才做成了磨砂款。耳机的材质是国外进口的，对皮肤绝对安全，没有伤害。另外，这款耳机还做了防水处理，以免汗水损害耳机，而且防水等级比同类型产品高出很多，出汗再多都不怕。

客户：这么说这个耳机还挺先进的？

客服小亮：至少目前来说是处于领先地位的。这款耳机的大部分配件都是进口的，质量可靠，音质优良，您用这款耳机，一定会有不一样的听觉体验。您可以先试听一下，亲身感受一下。

客户：好，那我试听一下。

客服小亮：感觉怎么样？

客户：音质不错，用着也很舒适。给我来一个吧！

当客户因材质问题对耳机产生怀疑的时候，小亮及时进行了合理的解释，并向客户介绍了这款耳机优于同类型产品之处，客户试听之后，发现小亮所言不虚，因此下定了购买的决心。

产品档次的高低，对于某些客户来说具有十分重要的意义。对于这类客户来说，产品的实用性只是衡量标准之一，较高的档次才是他们追求的目标。只有较高的档次，才能彰显出他们与众不同的身份和地位，才能表现出他们的与众不同之处，才能让他们成为人群中的焦点。客服人员只要紧紧抓住客户的这种心理，向他们展示产品的高端品质，让客户感受到产品确实能够提升他们的形象，那么交易的达成就是水到渠成的事情。

[重点回顾]

　　1．一些客户在购买产品的时候，最先考虑的因素并不是价格，而是产品的档次，对于他们来说，只有高档的产品才能彰显出自身的地位和价值。

　　2．对于追求高档次的客户，客服人员应该在介绍产品时着重强调产品的高端品质，这样才能引起客户的关注，为达成交易奠定基础。

担心售后服务无法让人满意

> 产品出现问题却无人负责解决，这种糟糕的购物体验谁都不想一再尝试。对于很多客户来说，糟糕的售后服务简直就是无法让人接受的梦魇，因此，对售后服务的担心也会条件反射般地表现出来。

一般情况下，客户在做出购买决定之前，除了关心产品的质量、流行程度、品牌可信度及档次等问题，还会对售后服务表现出相当的关注度。毕竟，产品在使用的过程中可能会出现问题，如果商家无法提供良好的售后服务，那么客户购买的产品就可能会变成一堆废物，对于客户来说，这显然是一种极大的浪费。

与客户进行沟通的时候，客服人员应该将售后方面的规定认真而细致地跟客户说清楚，尽量消除客户对售后服务的担心，以自己的信誉赢得客户的信任，这样可以促使客户做出购买的决定，进而完成交易。

需要注意的是，当客户询问与售后服务相关的问题时，客服人员不应笼统地一带而过，以"和其他商家的一样"或是"按照国家规定提供售后服务"之类的话来回答客户。这类回答会让客户觉得你是在敷衍了事，并不是真心想要为他们提供优质的服务。

想要得到客户的认可，让他们放心购买产品，就应该详细介绍售后服务的保障措施及解决问题的有效方案。具体而言，应该做到以下三点：

1. 阐明售后服务的范围

当客户问起售后服务方面的问题时，客服人员应该首先阐明售后服务的范围。比如，你可以这样回答："我们的产品是经过市场考验的，受到了众多消费者的欢迎。在售后服务方面，我们实行三包服务，如果质量方面存在问题，我们可以给您办理退货，而且邮费由我们负责。您只要保留好相关的凭证就可以了。"

2. 用事实说话，真实的事例可以让客户更放心

人们常说"事实胜于雄辩"，即便客服人员的口才了得，也不及摆在眼前的事实更具说服力。所以，当客户质疑售后服务时，你可以用事实说服对方："我们的售后服务如何，其实很多客户都有亲身的体验，正是他们的口口相传，才造就了我们产品的良好口碑。我并不是夸耀我们售后服务好，只是实事求是地向您展示我们售后服务的状态而已。"

3. 介绍要全面而周到

除了以上两点，在向客户介绍售后服务的相关内容时，还要努力做到全面而周到。你为客户多考虑一点，他就会对你多一点认可和信任。比如，你可以这样说："我们的产品都附有售后服务卡，您可以从上面看到您所享有的权利。上面还有我们的客服电话，如果有什么不理解的，您可以随时打电话咨询我们。另外，即便是超出了售后服务范围，只要是我们可以帮您处理的问题，我们都会竭尽全力去做。"

要知道，一旦客户开始关心售后服务的问题，就说明他们已经做好了达成交易的准备。可以说，这个时候正是达成交易的关键时刻，只要客服人员能够给出令客户满意的答复，客户就会彻底放下心来，并以坚定的态度完成这笔交易。

从某种意义上说，售后服务的顾虑是客户的最后一道心理防线，如果能在这个环节上赢得客户的认可和支持，那么不仅可以赢得眼前的这一笔交易，还能为之后的长期往来奠定坚实的基础。

[重点回顾]

1. 对于客户来说，售后服务的好坏是一个十分重要的考核因素，如果客服人员可以跨过这道关卡，那么交易自然就会达成。

2. 涉及售后服务的内容，客服人员应该细致而全面地向客户介绍，这样才能给客户留下良好的印象，如果只是笼统概括，对于客户来说并没有多大意义。

拓展练习

认真阅读下列陈述，判断其是"对"还是"错"。

1．物美价廉只不过是一个美好的期待，但是在现实中往往很难真正实现。

2．客户之所以担心产品质量，是因为担心个人的利益会受到损害，与产品本身无关。

3．潮流的变化总是迅速而莫测的，往往很难把握，想要生产出长期流行的产品，通常很难。

4．好的产品，不仅可以紧跟潮流，还能够长期流传，甚至有可能成为经典。

5．客户对产品的信任程度，和产品的口碑有直接关系，客服人员对此无能为力。

6．一个品牌的可信度，会随着客户认可程度的提升而提升。

7．客户对产品档次有所质疑的时候，可以向他们展现产品中的高端元素，这样可以有效减少客户的疑虑。

8．每个客户对档次的认知都各不相同，所以他们对档次的要求也千差万别，对于客服人员来说，通过产品档次来推销根本就是不可能完成的任务。

9. 产品销售之前，售后服务的承诺要令客户满意；产品销售之后，售后服务如何就不再重要了。

10. 客户购买的不仅是产品，还有产品附带的服务，所以售后服务不可忽视。

相关案例

小美是一家网店的客服人员，由于网店刚刚开业不久，店铺正在做促销活动，很多人被低价吸引的同时，也有很多不解和疑问。

客户：你们店铺是新开的吧？

小美：是的，我们的店铺刚刚开张两个月，现在正在做促销活动，优惠多多哦！

客户：这个品牌我之前怎么没听说过啊，是正规厂家的东西吗？不会是仿制品吧？

小美：我们的产品都是自己的工厂生产的，各项标准都符合国家规定，您可以放心购买。

客户：可是卖得这么便宜，质量有保障吗？

小美：卖得便宜是因为在做活动，质量方面您尽可以放心，如果刚刚开始质量就不好，我们怎么树立自己的品牌呢，您说是吧？

客户：嗯，那倒是。但是没买过你们的东西，不太了解，还是不太放心啊！

小美：不放心是正常的，毕竟没有接触过。不过说实话，哪个品牌的东西不是从陌生到熟悉的呢？我保证，您给我们一分信任，我们一定会用实惠和满意回报您。

客户：说得倒是很好，可是价格这么低，拿出去会不会显得档次很低啊？

小美：刚刚我说过了，我们的价格低，是因为在做活动，如果我们按照正常的价格卖，您就不会觉得便宜了。和那些知名品牌相比，我们的做工并不差，在用料方面，我们则强出很多。我敢说，我们的品质甚至强过某些知名品牌，现在只是为了开拓市场，所以才薄利多销的。

客户：那你们的产品能跟上潮流吗？毕竟你们刚刚进入这个行业不久，在经验方面应该有所欠缺吧！

小美：我们的经验确实不够，这是我们的不足。正是因为认识到了这种不足，我们才重金邀请了著名的设计师加入我们的团队，他们在这个行业中打拼多年，对时尚都有深刻的认识，所以我们相信我们的产品都是紧跟潮流的。

客户：照你这么一说，我发现有些产品确实带有流行元素。那你们售后服务有保障吗？不会我买完之后就没人管了吧？

小美：这一点请您放心，我们的售后服务是按照国家标准执行的。另外，在活动期间购买产品的客户，我们将为他们提供终身免费维修服务，如果您现在购买，保证您没有后顾之忧！

客户：你们真的能保证终身免费维修吗？这对你们来说可是一个不小的负担。

小美：当然，我们说到做到。只要不是人为损坏，我们都负责维修。之所以敢做这样的承诺，是因为我们对自己的产品质量有十足的信心。

客户：既然如此，我就买一套吧！

小美：好的，谢谢惠顾！很高兴为您提供服务。

小美接待的这个客户，可谓非常挑剔，从质量到档次，从时尚到售后服务，几乎每个可以质疑的环节，他都怀疑。小美的回复稍不注意，就可能引起客户的不满，进而导致客户的流失。对于新开的店铺来说，每流失一个客户，都是极大的损失。面对这个巨大的挑战，小美用自己的专业知识和完美的解答，赢得了客户的信任，展现了自己的价值。

快问快答答案

1. 错　2. 错　3. 对　4. 对　5. 错　6. 对　7. 对　8. 错

9. 错　10. 对

第六章

妙用技巧，激发客户的消费欲望

　　每个人都是有欲望的，只是有些欲望表现在外，有些欲望则被埋在心底。为了增加销售收入，客服人员可以通过相应的手段和技巧，去激发客户隐藏起来的消费欲望。这些技巧五花八门，效果各异，但是最终目的是一致的，那就是刺激客户消费。当你可以成功激起客户的购买欲望时，你的销售业绩将会出现大幅度的增长。

巧妙赞美，让客户体验被重视的满足感

> 赞美的语言更受人欢迎，这是人的虚荣心在作祟，客服人员可以好好利用这一点，让客户体验到被重视的感受，这种满足感会让他们更乐于接受客服人员的建议。

俗话说："爱美之心，人皆有之。"任何美好的东西，人们都愿意去追求，都想去获得，被人赞美是一种美好的感受，人们自然也愿意得到更多的赞美。

一个人能够受到别人的赞扬，说明他得到了别人的认可，这种被认可的满足感，会对他的心理产生某种影响，使他做出一些平时并不会去做的事。对于客服人员来说，通过赞美来拉近与客户之间的距离，不失为促成交易达成的好方法。

客服小敏：您好！请问有什么可以帮您的？

客户：我想买些桌椅，可是还没想好要买什么样的。

客服小敏：这样啊，那您随便看看，我再帮您介绍一下怎么样？

客户：不用了，谢谢啊！我今天时间比较紧，等下还有个重要的会议。

客服小敏：那您明天有没有时间呢？我可以到贵公司拜访您。

客户：这样啊，也可以，明天上午十点半吧，那时候我正好有空闲。

客服小敏：好的，我一定准时前去拜访。

（第二天，小敏来到了客户的公司，等了一阵，客户才开完会）

客户：不好意思！让你久等了。

客服小敏：这没什么，我应该向您道歉，没经过您的同意就参观了您的办公室。

客户：哦，没关系。你觉得这个办公室设计得怎么样？

客服小敏：简直是太漂亮了，设计得真是太巧妙了。我要是能有这样一个办公室就好了。

客户：我也觉得十分精妙，这是当年我自己设计的，为了它，我可是花费了不少精力。

客服小敏：是这样啊，难怪呢！您的办公桌是用橡木做的？看着和一般的木材不太一样。

客户：没错，这是英国橡木做的。我一个朋友做木材生意，他特意给我选了一些好橡木，然后让工厂加工的。

客服小敏：您在设计和装修方面很有造诣啊，有机会一定要向您好好讨教讨教。

客户：哪里哪里，我只是爱好罢了，不像你是专门做这方面生意的。

客服小敏：我们都是小本买卖，和您的大公司比起来，简直不值一提啊！您要买的桌椅是公司要用吗？

客户：不是，我是想捐给贫困山区的儿童。

客服小敏：您不仅眼光独特，而且乐善好施，真是让我自惭形秽。

客户：不要这么说，我也是贡献一点绵薄之力而已。

客服小敏：既然您这么说了，那我也表示一下，如果您决定在我那里买桌椅，那我也捐出几套桌椅，表达一下我的情意。

客户：那就这样，我就在你这里订五百套桌椅。

在这个案例中，小敏将赞美的功效几乎发挥到了极致，从客户办公室的装修，到办公桌的材料，再到奉献爱心的义举，都成为小敏赞美的对象，客户得到了赞美，心情大好，自然非常欣赏小敏，于是欣然在小敏那里订购了桌椅。小敏的生意就这样做成了，看似简单的沟通背后，体现了小敏优秀的口才，更体现了她对赞美的巧妙拿捏。

人人都渴望被赞美，都希望听到别人的赞扬，客服人员可以好好利用人们的这种心理，通过巧妙地赞美去拉近与客户之间的距离。对于客户来说，赞美的话会让他们非常受用，让他们产生被重视的感觉，这会极大地激发他们的购买欲望，并乐于接受客服人员的建议，这对促成交易显然是有积极意义的。

[重点回顾]

1. 赞美的语言让人心花怒放，由此便会放松心理警惕，对于客服人员来说，客户的防御心理降低，将会对交易达成产生正向的推动力。

2. 巧妙地运用赞美的语言，能起到让人意想不到的良好作用，对于客服人员来说，学会赞美是一门十分重要的必修课。

申明"数量有限"：以数量限制刺激消费的技巧

大家都知道"物以稀为贵"，所以越是稀缺的东西，人们越是想要拥有。客服人员可以抓住客户的这一心理，通过限制数量来达到刺激消费的目的。

相信很多人都听说过这样一个故事：

一个商人拿着三件稀世珍宝到拍卖会上出售，要价两千万美元，可是根本就没人理会他。就在众人以为他要降价出售的时候，这个商人竟然打碎了其中的一件珍宝，继续要价两千万美元。这一次，依然没人愿意出价。于是，商人又打碎了一件珍宝。尽管众人十分不解和心疼，却也无可奈何。商人为最后一件珍宝标出的价格依然是两千万美元。这一次，众人纷纷竞价，争相购买，结果，商人赚到了比两千万美元更多的钱。

从这个故事中不难看出，"物以稀为贵"的道理放诸四海而皆准。在销售的过程中，客服人员可以利用客户的这种心理，通过"数量有限"这简简单单的四个字，向客户传递"再不买就没有了"的信息，从而激发出客户的购买欲望，大大提升销售业绩。

客服人员：您好！先生。我是××，上个星期您曾到我们这里看过一套房子，不知道您考虑得怎么样了？

客户：我还在和家人商量，暂时没有最终决定。

客服人员：哦，是这样啊，请问你们是在哪方面考虑得比较多呢？价格？还是户型？或是物业服务？

客户：户型方面我们还是满意的，物业也没什么问题。主要是价格方面还需要再多考察一下。

客服人员：是这样，那您理想的价位是多少呢？

客户：这个我也说不好。只是现在房地产市场这么萎靡，我觉得应该还有降价的空间。

客服人员：现在的房地产确实不好做，大家都在观望，都在等着房子继续降价。可是无论怎么降，开发商也不会亏本卖的。

客户：这个我当然知道，没人会做亏本的买卖，我只是觉得这个价格还是有些贵，想再看看。

客服人员：您的心情我能理解，但是如果您真等到房价降到最低的时候，恐怕房子又会很抢手了，一般人恐怕想买都买不到，所以现在买还是比较划算的。

客户：我还是得再考虑一下，谢谢你的提醒。

客服人员：不用谢！买房子是大事情，是应该多考虑一下。其实我打电话是想告诉您，我们最近推出了十套特价房，如果您现在就预订，每平方米可以便宜3000元，不知道您感觉这个价格怎么样？

客户：一下便宜这么多？是我看的那个户型吗？

客服人员：是的，一模一样。我们也是为了促销，所以才一下降价这么多。数量有限，先到先得，您可千万不要错过啊！

　　客户：谢谢你告诉我这个消息，我先订一套，等一下我就去付定金。

　　客服人员详细了解了客户的需求之后，知道他是对价格不太满意，如果直接给他降价，他恐怕还会持观望态度，于是客服人员将降价的房子限定在十套，让客户觉得数量不多，得赶紧下手。正是这种申明"数量有限"的技巧，帮助客服人员拿下了订单。

　　当某种东西的供应量远远小于需求量的时候，人们往往会产生抢购的冲动，唯恐别人买了自己就没得买了。客服人员可以巧妙地利用这种心态，人为制造"供小于求"的情况，用"数量有限"来吸引客户的注意力，并最终促成交易的完成。

[重点回顾]

　　1."物以稀为贵"，越是稀少的东西，越会受到追捧，这是一个放诸四海而皆准的真理。

　　2.客服人员应当学会运用"数量有限"这个推销技巧，当客户感到"东西不多，再不买就没有"的时候，他们往往会迅速做出购买的决定。

申明"时间有限"：以时间限制刺激消费的技巧

> 每到时间紧迫的时候，人们总会争分夺秒地去做事情，客服人员可以告知客户"时间有限"，以此暗示他们抓紧时间购买，从而巧妙地激发客户的购买欲望。

很多人都有这样的经验：当一件事情的期限将近的时候，往往会产生十分紧迫的感觉，这时，头脑中闪现最多的念头就是尽快去做，以免留有遗憾。

对于客服人员来说，人们的这种心理是非常具有利用价值的，给客户一个十分明确的时间限制，会让他们产生紧迫感，唯恐错过时机就无法享受优惠，这种担忧会让客户产生购买的冲动，只要他们产生了购物的欲望，推销起来就会轻松很多。

客服人员：您好！我是××公司的客服人员。很抱歉打扰您！

客户：你好！有什么事吗？

客服人员：您上个月在我们公司购买了一套健身器材，我想做一下回访，不知道能不能耽误您几分钟时间？

客户：哦，几分钟时间倒是有。

客服人员：感谢您抽出宝贵的时间。请问您每个星期有几天会健身？

客户：一般是四天。

客服人员：这个频率还不错啊。您是第一次购买健身器材吗？

客户：是的，我以前会去健身房。

客服人员：哦，是这样啊，看来您是个健身爱好者。

客户：算不上吧，只是为了保持身体健康而已。

客服人员：我们的健身器材您已经用了一个月，感觉怎么样？

客户：和健身房当然是没法比了，可是家庭用已经很不错了。

客服人员：感谢您的信任和支持！这是我们继续提升的最大动力。

客户：我是实话实说而已。

客服人员：为了感谢新老客户的支持，我们下周末准备推出一个回馈活动，活动期间将有一些畅销健身器材三折出售。如果您有时间，可以抽空来看一看。

客户：哦，这么大的折扣啊！活动持续多长时间？

客服人员：就下周六和下周日两天，时间有限，机会难得。如果您有兴趣，我可以先帮您登记一下。

客户：好的，你先帮我登记一下吧，到时候我会过去看一下。

客服人员：我会在下周六恭候您的光临。

客服人员将回访作为切入点，这样不仅不会引起客户过多的反感，还为自己的推销计划做了很好的铺垫。然后，客服人员一步步将话题引到回馈活动上，让客户在不知不觉间接受了一次推销宣传，再加上两天的时间限制，使得客户产生了急迫的了解欲望。无论到时候客户会不会购买健身器材，至少这一次的推销已经成功。在活动开始之前的几天里，客服人员可以再次与客户进行沟通，向他介绍参加活动的健身器材，以达到持续刺激客户购买欲望的目的，为最终的销售奠定坚实的基础。

利用"时间有限"这个说法，客服人员为客户划定了一个固定的空间范围，一旦超出这个范围，客户将无法享受限定时间内的各种优惠，这种落差通常会让人十分难受。为了摆脱这种状态，客户往往会选择参加优惠活动，这样一来，客服人员的推销活动便成功了。

[重点回顾]

1. 时间限制会让人产生紧迫感，为了在规定的时间内得到最大化的利益，人们往往会想尽办法去做一些事情。对于客服人员来说，利用好客户的这种心理将能有效地刺激消费。

2. 客服人员的推销技巧多种多样，"时间有限"只是其中的一个而已，它将客户的购买行为限定在一个固定的时间段内，想要享受优惠，就必须在规定的时间内去完成消费。

申明"折扣名额有限"：以先后顺序刺激消费的技巧

> 对于折扣，客户往往是欣然接受的，如果在折扣名额上加以限制，则会让他们产生紧迫感，唯恐失去这个难得的机会，因此便会立即做出购买决定。

对于客户来说，个人的利益是他们非常关心的问题，如果可以给予他们足够的实惠，那么客户就会以一种开放的姿态去面对客服人员。通常情况下，打折促销会对客户产生极大的吸引力，尤其是限定名额的打折活动，客户往往会为了得到仅有的打折名额而尽快做出购买决定。这就告诉客服人员，在与客户沟通的时候，应该巧妙地让他们知道折扣的名额有限，以便激发客户的购买欲望。

客服蕊蕊：您好！有什么可以帮您的？

客户：听朋友说你们这里卖的××款冰箱不错，我想了解一下。

客服蕊蕊：您朋友说得很对，这款冰箱现在销量很好，市场反馈不错，客户的满意度也很高。

客户：我朋友也说不错，所以我才来看一下。

客服蕊蕊：您朋友亲身体验过，是很有发言权的。

客户：她的话我当然相信，只是我觉得价格有点贵啊！

客服蕊蕊：这款冰箱质量可靠，性能稳定，节能减排，性价比很高，虽然价格稍微贵了一点，但是和同类产品相比还是具有优势的。

客户：这款冰箱的优点我都知道，就是价格不太合适。

客服蕊蕊：我们今天有打折活动，前五名购买冰箱的客户可以享受九折优惠。现在已经卖出了三台，您想要的话，抓紧时间购买哦！

客户：是这样啊，打完折和其他冰箱价格就差不多了，那我就买一台吧！

当客户说出冰箱价格稍微有点贵的时候，蕊蕊意识到她对是否应该购买产生了疑虑。为了消除客户的顾虑，蕊蕊及时告知客户这款冰箱当天正在打折，而且仅仅剩下最后两个名额，这就让客户产生了机不可失的心理，从而立刻决定购买。

当客服人员运用"折扣名额有限"这个技巧时，客户会因此而感受到机会所带来的紧迫感，它会让客户急于做出购买的决定，以免错失难得的折扣机会。应用这个技巧的时候，客服人员需要做到随机应变，一旦发现客户有所迟疑或是不愿达成交易，就要迅速抛出"折扣"，以便吸引客户的注意力，避免客户流失的情况出现。

[重点回顾]

1. 在能够得到实惠的情况下，客户更愿意与客服人员沟通，某些情况下，客服人员应该给予客户适当的折扣，但是折扣的名额要有所限制，这样可以增加客户的紧迫感。

2. 所谓"机不可失，时不再来"，当机会来临的时候，人们通常都想立刻将它抓住，"折扣名额有限"这个技巧就是利用了人们的这种心理。

利用从众心理，促使客户随大流

从众心理是一种十分普遍的心理现象，许多人会在不知不觉间受到它的影响，以至于做出很多随大流的决定。客服人员可以好好利用这一心理，对客户进行消费引导。

　　从众心理是心理学上的一个重要概念，指的是人们往往会跟着大部分人的想法或做法去思考或行动。即便有的时候这些想法和行动并非自己所愿，但是为了和众人保持一致，以免出现被孤立的局面，人们也会不由自主地随大流。

　　可以说，从众是个人对群体的不自觉服从，这是一种潜意识的自我保护方式。尤其是在紧要关头，人们更愿意和大多数人站在一起，即便真理确实掌握在少数人的手里，人们也不愿冒险尝试去做少数人中的一分子。

　　客服人员在推销产品的时候，可以适当利用客户的这种心理，一旦客户愿意跟随众人的脚步，那么推销工作就会变得顺利很多，客服人员将会得到更加轻松的心态和更加丰厚的回报。

客服人员：您好！女士。请问有什么可以帮您的？

客户：我想买一套晚礼服，可是又不知道怎么挑，不知道你有没有什么好的推荐？

客服人员：请问您想要什么款式的？

客户：我没买过晚礼服，也不知道哪种才好。

客服人员：那么您对颜色有什么要求呢？

客户：深色系的吧，看起来稳重一些。

客服人员：请问您是出席什么场合？

客户：我要参加公司的慈善晚宴。

客服人员：您是经常出席这样的活动吗？

客户：那倒没有。

客服人员：哦，您不会是××公司的吧？

客户：是啊，你怎么知道？

客服人员：是这样的，已经有好几个您的同事在我们这里买晚礼服了。几乎每个人的说法都一样，所以我猜想您也是一样的情况。

客户：是吗？我有同事在你这里买晚礼服？

客服人员：是啊，她们都是在这里买的，您也可以在我们这里买一套，我给您介绍一款跟她们不同的，一来可以避免撞衫，二来也可以和大家保持一致。

客户：好的，好的，那你帮我介绍一款吧。不要和她们的一样，档次差不多就行。

客户对晚礼服并没有过多的了解，因而她很需要客服人员的建议，这对客服人员来说是一个有利条件。而且，客户买晚礼服是为了参加公司的慈善晚宴，这样的场合中，客户需要和同事们保持一致的步调，所以客服人员利用专业知识及客户的从众心理，很容易就达成了交易。

很多客户认为，大家都买的东西一定是好东西，所以看到销售火爆的产品，往往会蜂拥而上，想要抢购一件。这其实就是从众心理在作怪，大家的行动被潜意识控制住了。对于客服人员来说，利用从众心理是一个十分有效的推销技巧，因为有些客户即便不了解产品是否对自己确实有价值，也会在从众心理的影响下做出购买的决定。

[重点回顾]

1. 从众心理具有广泛的普遍性，在很多方面都会有所表现，在推销产品的时候，客服人员同样可以利用客户的这种心理，增加自己的销售额。

2. 对于销售火爆的产品，人们往往会失去抵抗力，这不仅仅是因为产品本身物有所值，还在于人们受到了从众心理的影响。

拓展练习

认真阅读下列陈述，判断其是"对"还是"错"。

1. 赞美的语言固然受人欢迎，但是也要因人而异，并不能对每一位客户都使用相同的赞美。

2. 既然客户喜欢受到赞美，那么客服人员就应该经常使用赞美的语言，而且多多益善。

3. 大多数情况下，数量有限的东西更容易引起客户的关注，激起客户的购买欲望。

4. 想要娴熟运用"数量有限"的技巧，不仅要了解客户的需求，还要对市场有深刻的洞察力。

5. 时间限制会让客户产生紧迫感，这有助于客户做出购买的决定，可以说，越是紧迫的时间限制，越能激发客户的购买欲望。

6. 限制时间是一个很好的推销技巧，但是它的运用要建立在了解客户的基础上。

7. 客户对于折扣往往是来者不拒的，所以只要有折扣，客户就会积极购买，有没有名额限制影响并不大。

8. 有限的折扣名额，会让客户感觉到紧迫，因此会更快地达成交易。

9. 从众心理会在不知不觉间影响客户的购买决定，客服人员应该运用技巧，尽量激发客户的从众心理，这对于达成交易大有好处。

10. 利用客户的从众心理，这是客服人员应该掌握的一个小技巧，如果运用得当，将会对销售业绩产生积极的作用。

相关案例

露露是一家化妆品公司的客服人员，最近公司新推出了一款化妆品，她给客户打电话进行宣传推广。

"您好！我是××化妆品公司的客服人员。很抱歉打扰您！"露露很有礼貌地说。

"哦，你好，有什么事吗？"

"是这样的，我们的记录显示您在我们公司购买了很多化妆品，想必您对化妆品有自己的了解和认知，我就是想了解一下您对我们的产品有什么看法或建议？"

"化妆品挺好的，要不然我也不会一直买。"

"谢谢您的信任和鼓励！这是我们继续前进的动力，我们一定会尽最大的努力回报您。"露露表现得十分真诚。

"保证质量，继续做出好产品就是对我们消费者的最好回报。"客户认真地说。

"是的，让客户满意一直都是我们追求的目标，推陈出新是我们的一贯作风。说到创新，我们公司最近刚刚推出了一款面霜，滋润、美白效果都很好，不知道您想不想了解一下？"露露客气地征求客户的意见。

"你们的面霜我倒是用过，效果还可以，这一款有什么不同？你说来听听吧！"客户很有兴趣。

"这款面霜是我们的科研部门新近研发出来的，其中蕴含大量美白因子和植物萃取物，不仅对保持美丽肤色具有很好的效果，还十分健康，不会伤害皮肤。"

"那么价格呢？"

"价格比之前的面霜贵了一些，要198元一瓶。"

"怎么比之前的贵那么多？效果真的能好那么多？"

"这款产品运用了很多新技术，使得面霜的吸收率更高，所以效果也更好。尽管价格贵了点，但是确实是物有所值。"

"我还是觉得有点贵。"

"您要是觉得贵，可以到我们的网络旗舰店看一下，店铺现在在做活动，每天都有惊喜。进店的前一百名顾客可以享受八折优惠，而且前十名下单的客户会有额外的惊喜。"

"是吗？这样算下来，打完折倒是没贵多少，还可以接受。活动持续多长时间？"

"只有一个星期，机不可失，时不再来！"

"好的，我赶紧到旗舰店去买。"

露露懂得从赞美客户入手，讲一些客户感兴趣的话题，这引起了客户的好感，让露露有机会进行自己的推销。当客户对化妆品的价格产生怀疑时，露露除了解释其中的缘由，还介绍客户到旗舰店看一下，并通过促销活动的各种限制，使得客户迅速决定购买。露露对各种技巧运用娴熟，可以说是一个十分优秀的客服人员。

快问快答答案

1. 对 2. 错 3. 对 4. 对 5. 错 6. 对 7. 错 8. 对
9. 对 10. 对

第七章

谢绝讲价又不伤害客户的策略

既然是做生意，就免不了讨价还价的情况出现。对于一些喜欢讲价的客户来说，所有的价格应该都是可以讲的，即便是明码标价的东西，他们也要讲，有的时候甚至只是几块钱的东西，他们还是会不厌其烦地讲价。对于客户讲价的情况，客服人员往往会感觉十分棘手，因为一旦谢绝不当，就会引起客户的反感。所以说，客服人员掌握一些谢绝讲价的策略是十分重要的。

货比三家，阐明自己产品的优势

所有的客户都希望产品的价格越低越好，当他们将关注点放在价格上时，往往会忽略产品的不同特质，此时，客服人员可以将自己的产品与同类产品做比较，从而突出自己产品的优势，进而赢得客户的认可和支持。

在现在的市场上，相同类型的产品有很多，尤其是在网店上，许多产品甚至宣传图片都是一样的。对于客户来说，想要从数量众多的产品中挑选一件物有所值的，确实有些难度。因此，打压价格便成为很多客户保护个人利益的一种选择。

对于客户讲价的情况，客服人员可以采用货比三家的策略加以应对。通过与同类产品的比较，可以让客户更加清晰地看到自己产品的优势，从而达成交易。当然，这种技巧也需要注意一点，那就是要选择那些质量相当，而价格更高的产品，这样才能凸显出自己产品的价格优势。

客服慧慧：亲，您好！请问有什么可以帮您的？

客户：我想买一套男士保暖内衣。

客服慧慧：您来得真是太巧了，我们店里刚刚来了新货。我把链接发给您，您可以看一下有没有喜欢的。

（客户左挑右选，最后选择了一款质量优良的保暖内衣，并截图给了慧慧）

客户：我想买这一款。

客服慧慧：您的眼光真是太好了，这款保暖内衣质量优良，款式也很新颖，最近卖得非常火爆。

客户：我也觉得各方面都还可以，只是价格偏贵了。

客服慧慧：如果您觉得价格偏高，那您可以看看这一款。

（慧慧边说边把链接发给客户）

客户：这一款质量不行，样子我也不喜欢。

客服慧慧：您看，这一比较您就知道哪个好，哪个不好了。那一款虽然贵了点，但是贵有贵的道理。

客户：话说得没错，但是要能便宜点不是更好嘛！

客服慧慧：我们也知道便宜好卖，但是成本在那里呢。不然您去看看××品牌的保暖内衣，看看他们卖多少钱。

（客户进入××保暖内衣的店铺，发现与自己看上那件差不多的衣服，价格更高一些）

客户：那个比你家这个更贵，根本没有什么好看的。

客服慧慧：是吧，质量差不多的衣服，人家卖得比我们更贵，所以说我们的衣服还是比较划算的。

客户：虽然别人家的便宜，但是整体而言价格还是偏高。

客服慧慧：咱买衣服不能光看价格，还得看质量。咱这衣服的质量和做工，在同类产品中堪称上乘，您买这一件，甚至比买其他品牌的两件更耐穿。

客户：你说得也有道理，好吧，就买我最开始看上的那套吧！

在这个案例中，客户对于保暖内衣的质量、款式等都很满意，唯一不满的是价格稍高。对于蕊蕊来说，只要消除客户对价格的质疑，那么交易就很有可能达成。有鉴于此，蕊蕊运用了比较的方法，通过与价格较低的保暖内衣进行比较，表明了客户看中的保暖内衣质量可靠；通过与质量相近的保暖内衣进行比较，表明了客户看中的保暖内衣价格优惠。通过这两个比较，说明了客户看中的保暖内衣是物美价廉的，从而婉转地谢绝了客户的讲价。

对于客户来说，再便宜的产品都是贵的，因为他们总是希望花钱越少越好，这是十分正常的心理。正是这种心理的存在，使得很多客户喜欢讲价，总想以较低的价格买到自己心仪的产品，却忽视了产品的内在品质。这时候，客服人员应该运用自己的智慧，通过与同类产品的比较，让客户自己的去感受产品之间存在的差异，进而理解不能降价的原因。这种谢绝讲价的方式，相对比较婉转，能让客户以平静的心态接受客服人员的拒绝。

[重点回顾]

1. 喜欢讲价的客户并不少见，为了婉转地谢绝讲价，客服人员可以用事实说话，通过货比三家，让客户自己看到产品的优势所在，这样他们会更容易接受无法讲价的事实。

2. 采用"货比三家"的方式时，所选的产品和商家都有一定的要求，并不是任何一种产品都可以作为比较的对象。

夸赞客户高品位，用"高帽"赢得订单

对于夸奖，大多数人都没有抵抗力。当客服人员用高品位赞扬客户的时候，客户往往会沾沾自喜，对于高价的抵触情绪自然也就消减了许多。

通常来说，一件商品的价格和其所具备的特质有着十分紧密的关系。越是高端的商品，价格往往越高，无形之中，人们就会形成"价格越高越能显出高端品位"的想法。换句话说，如果一个人被夸赞品位高，那么他使用一些价格高的商品才能与其身份相符，这时候，即便一些商品要价比较高，他们也不会继续讨价还价下去。

对于客服人员来说，当客户认为产品价格太高时，可以通过适当的话语来夸赞客户的品位高，这不仅会让客户产生舒适的感觉，还会让客户无法再降低自己的身份进行砍价。如果客户真的喜欢所选的商品，他们就会毫不犹豫地下单购买。

客服敏敏：先生，您好！请问您需要点什么？

客户：我准备参加一场婚礼，想要买双皮鞋。

客服敏敏：请问您喜欢什么颜色的呢？

客户：黑色的吧，我的西服就是黑色的。

客服敏敏：好的，那我帮您推荐几双，您可以挑选一下。

（客户看了一会儿，又试了一下，最终选定了一双）

客户：就要这双吧！

客服敏敏：您真有眼光！这双鞋是用进口牛皮制作的，工艺独特，造型美观。

客户：这双鞋卖多少钱？

客服敏敏：1280元。

客户：怎么这么贵？

客服敏敏：这双鞋的材质和工艺都与众不同，价格自然会有些贵。但是呢，像您这种高品位的人，只有这种高品质的鞋才符合您的身份和气质啊！

客户：你能看出我的身份？

客服敏敏：您的身份我当然不敢妄下断言，但是您一眼就看中了这双鞋，这说明您的眼光独到，无论从事什么工作，相信您都有不俗的成绩。

客户：因为工作的时候我不怎么穿皮鞋，所以才觉得花这么多钱买一双皮鞋有些浪费。

客服敏敏：我倒是觉得，在结婚典礼这样的场合中，这双鞋可以充分展示您的高端品位，提升您的整体形象，这恰恰弥补了你平时无法展现自己的缺憾。您说是不是？而且这双鞋造型美观，过几年也不会过时，这样您就不用每年都买新鞋了。

客户：这么说来，还是挺划算的。那我就来一双吧！

在这个案例中，敏敏从客户的品位入手，让客户产生了"鞋子虽贵，但符合个人形象"的感觉，因此，尽管鞋子的价格已经超出了客户的预期，但是他依然做出了购买的决定。

在客户对价格产生怀疑，希望得到更加优惠的价格时，客服人员可以尝试着在客户的品位上大做文章，通过恭维客户来促使他们提升对自己品位的认知度，当他们心中认为自己的品位超出常人的时候，较高价格的商品他们也是可以接受的。这种谢绝讲价的手段，既让客户产生了心理上的满足，又顺利达到了完成交易的目的，真可谓一举两得。

[重点回顾]

1. 高端品位的人，要用高端品位的产品，这似乎是一种约定俗成的模式，当一个人被夸赞高品位时，他便会对高品位的产品产生更多的认同感。

2. 客服人员可以利用客户的心理，用赞美的方式为客户戴上"高帽"，被高端的形象束缚之后，客户便不会继续讲价了。

物超所值，用附加价值打动客户

　　任何一个产品，都有其固有的和附加的价值，如果产品在价格方面没有竞争力，那么客服人员就应该尝试将客户的注意力转移到附加价值方面。附加价值越高，产品的吸引力就越大，客户接受它的可能性也就越大。

　　客户之所以购买产品，不仅是为了享受产品带来的实用价值，还是一种投资活动。客户在购买某些产品的时候，不仅会考虑价格的因素，还会在品质、服务、附加价值等方面进行综合考虑，最终做出理智的决定。

　　如果客服人员发现客户的目光仅仅聚焦在价格上，那就可以适当地向客户展示产品的附加价值，让他们知道所买的产品具有比他们想象中更大的价值，以便帮助客户更全面地认识产品。

　　客户：你好！我打算租用一个企业邮箱，想了解一下价格。

　　客服人员：容量、时间等不一样，价格也不相同。我把报价发给您，您可以先看一下。

客户：你们这报价也太贵了，比别的公司贵好多。

客服人员：先不谈报价的问题，我想问您一下，您每天收到的垃圾邮件多吗？

客户：当然多啊，每天都收四五十封。也不知道他们是怎么知道我的邮箱地址的，真是一点隐私都没有了。

客服人员：那您一般怎么处理呢？

客户：直接全部清空肯定是不可能的，毕竟还有一些有用的邮件。所以必须一个个地看，至少要看一下标题。

客服人员：您是不是因此浪费了很多时间？

客户：那当然了。有几天时间不整理邮箱，它就该爆满了，要是不去关注吧，又担心错过了重要的信息。

客服人员：发生过错过信息的事情吗？

客户：是啊，最近就发生过一次，差点因为没能及时回复客户而失去一单生意。

客服人员：实在是太遗憾了！除了这个问题，您现在用的邮箱服务器稳定性如何？

客户：稳定性不强，时常停机检修，检修的时候根本无法接收邮件。

客服人员：这对于与客户沟通可不是什么好消息啊。

客户：谁说不是呢，在双方都不知情的情况下，客户的邮件已经丢失好几次了。

客服人员：这样的话，您的业务会遭受不少影响吧？

客户：那是当然。已经有客户对这种情况表示不满了，所以我才想重新租一个企业邮箱。

客服人员：听了您的话，我感觉您很需要一个可以稳定运行并有效屏蔽垃圾邮件的企业邮箱，对吧？

客户：是啊！

客服人员：我们提供的邮箱恰恰可以解决您目前所遇到的种种问题，为您创造一个良好的与客户沟通的平台。尽管我们的报价贵了一些，但是它能够为您带来更多的机会成本。邮件不丢失、遗漏，您就不会错失生意；没有垃圾邮件的干扰，您就节约了时间，可以和客户进行更多的沟通；客户的不满情绪减少，您公司的口碑就会变得更好。所有这些加在一起，给您带来的益处显然要更多一些。

客户：嗯，机会成本确实很重要。好吧，我就租用一段时间试一下吧！

最初，客户对企业邮箱的认知停留在价格层面，客服人员意识到，如果从价格方面入手，公司的报价显然没有竞争力，即便价格有所降低，依然会比其他公司的报价要高一些。因此，客服人员另辟蹊径，将价格放在一边，先从邮箱的性能及附加价值讲起，从而淡化了价格因素，最终顺利拿到了客户的订单。

通常情况下，客户都会对价格十分关注，因为这是最显而易见的一个购物因素。想要淡化价格的影响，可以尝试将客户的注意力转移到附加价值方面，当客户的关注点产生变化之后，价格便不再是他们首要考虑的因素，这样一来，便不知不觉地谢绝了客户的讲价。

[**重点回顾**]

1．由于钱是一个可控性比较强的购物因素，所以客户对价格往往十分关注，并将它放在一个十分重要的位置。

2．当产品的价格没有竞争力时，客服人员要学会用产品的附加价值去打动客户，让客户知道购买自己的产品是物超所值的，这样更容易赢得客户的认同。

公平对待每一位客户

　　在谢绝客户讲价的时候，站在客户的角度去阐述原因是一种很好的方式。为了保持公平而不接受讲价，非但不会引起客户不满，还会让他们觉得客服人员是十分负责任的。

　　客户追求低价的脚步，永远都不会停下来。对于任何一件商品，客户总是希望付出越少的金钱越好。这种心态的存在，使得讲价变成了一种十分普遍的现象。站在客服人员的角度上来说，并不是每一件商品都有让价的空间，所以掌握谢绝讲价的策略便成为客服人员应该具备的素质之一。

　　在各种谢绝讲价的策略中，从客户自身入手来说服客户是一个不错的选择。客服人员可以对客户说，为了保证公平，维护每一位客户的利益，所以对每个客户都是一视同仁的，产品的价格对所有人都是一样的，没有高低之分。这个理由是站在广大客户的角度上来说的，为的是保护所有人的利益，所以说服力会比较强。

　　客户：我想买这件衣服，不知道现在有没有折扣？

客服苗苗：亲，您真是太有眼光了，这件衣服最近销量很好！但是很遗憾，并没有您想要的折扣。

客户：一点折扣都没有吗？你给打个折，我马上就下单。

客服苗苗：实在抱歉，亲！这款衣服现在不打折，要到换季的时候才会有相应的折扣。希望您能理解。

客户：你就给打个折呗，等到换季的时候打折和现在打折不是一样的吗？反正都是要打折的，而且现在打折还能多卖一件，薄利多销呗！

客服苗苗：实在对不起啊，亲！真的没法打折。我们店对所有的客户都是一视同仁的，每个人买的都是这个价格，给您打折的话，对于其他客户就不公平了，您说是不是？换作是您，我已经跟您承诺所有人都不会打折，转眼又打折把衣服卖给了别人，您是不是会觉得我不守信用呢？

客户：那是当然了，承诺的事情就要做到。

客服苗苗：您说得太对了，亲！我现在就是在兑现自己的承诺，所以实在对不起您！在价格上确实没法给您打折。但是看您这么喜欢，我也表达一点小小的心意，可以送一双袜子给您。您要是觉得合适的话，就请下单吧！

客户：嗯，好的，我买一件。但是你别忘了自己的承诺，一定要一视同仁啊！

客服苗苗：这一点请您放心，我一定说到做到。如果您发现我给别人打折了，可以来找我，我会把钱退给您，衣服就白送给您了。

客户：好的，我会监督的。

客服苗苗：多谢光临，我会尽快为您发货的。

在这个案例中，客户一直要求给衣服打个折，而客服苗苗根本无法满足这个要求，所以拿出了"公平对待每一位客户"这个撒手锏，并通过自己的庄严承诺婉言谢绝了客户的讲价。客户不仅没有对此产生反感，反而觉得这样遵守诺言的人是值得信赖的，因此最终下单购买。

　　谢绝客户讲价，是一个十分不好处理的局面。如何在不伤害客户的前提下尽量拿下订单，这是对客服人员的一个极大考验。要知道，每位客户都希望客服人员能够为自己多考虑一些，所以站在客户的角度上的谢绝理由，往往更容易被客户接受。一视同仁这种说法，不仅表现出对每一位客户的重视和尊重，也表明了客服人员的庄严承诺。在这种情况下，不再继续讲价似乎就成了唯一的选择。

[重点回顾]

　　1. 客户追求低价的脚步通常是不会停歇的，想要成为一名优秀的客服人员，就要多注意谢绝讲价的态度和策略，做到双管齐下，这样才能赢得客户的心。

　　2. 将对客户的承诺当作谢绝讲价的理由，是一种非常聪明的策略，因为拒绝的背后是客服人员对所有客户的庄严承诺，通常情况下，客户显然不会去触动大多数人的利益。

以综合指标取胜，让客户无可辩驳

客户对一件产品的考核，往往是综合性的。只要客服人员让客户看到自己的产品在综合性能方面的优势，客户讲价的余地就会变得很小。

一般情况下，客户在做出购买一件产品的决定之前，通常会考虑产品的价格、质量及售后服务三个主要的指标。分析价格时，应该谈及产品的材料成本、宣传费用等；分析质量时，应该介绍产品的材质、款式、性能等；分析售后服务时，应该谈及能够提供的服务、做出的承诺等。将这三个因素进行综合分析和解读，可以将产品更为立体地呈现在客户面前，让客户对产品产生更加直观和深刻的印象。

在客户讲价的时候，如果产品在这三个方面都能表现出优势，那么客户也就没有什么可说的了。当然，任何产品都有不足，即便在某一方面竞争力不足，但是凭借综合表现，依然可以赢得客户的青睐。

客服琳琳：您好！请问有什么可以帮您的？

客户：我们公司准备安装一套××软件，上个星期我向你们咨询过，现在想问一下具体的报价。

客服琳琳：我们的报价是98 000元。

客户：这么贵啊？你不是在开玩笑吧？我们不过是一家小公司，这个价格我们有点难以承受啊！

客服琳琳：制定这个价格之前，我们综合考虑了各个方面的因素。首先，我们这款软件在行业内是处于领先地位的。我们经过八年的时间才研发出这款软件，现在和多家著名公司都有合作关系。这些公司在使用的过程中不断地向我们反馈使用情况并提出改进建议，这使我们的软件不断优化和提升，同时可以保证我们的软件始终处于领先地位。

客户：即便如此，这个价格也太贵了。××公司的同类型软件，才卖68 000元。我们确实想买，但还是希望价格方面可以便宜一些。

客服琳琳：您刚刚说的××公司的软件，我也有所了解。他们软件的功能模块十分齐全，但是各项功能做得并不够深，而我们追求的是广而深。在某些模块中，我们只要输入少量的原始数据，就能得出最终的结果，他们的软件则需要输入大量的数据，而且其中的某些步骤还需要人工计算协助才能完成。这两款软件的便捷性和操作简易性，相信您一比较就知道哪款更好一些。

客户：就算是这样，我还是觉得两者的价格差额太大了。

客服琳琳：我相信，您在选择软件的时候不仅关注它的基本功能，还很重视公司能够提供的售后服务。毕竟软件的花费不是小数目，如果售后服务不好，很可能导致这些钱白白打了水漂。在售后方面，我们很自信比别家公司做得更好。我可以郑重向您承诺，在合同规定的期限内，我们将免费为贵公司提供安装、调试、培训及升级等各项服务。我之前也遇到过质疑我们的软件太贵的情况，可是他们使用完之后就发现，购买我们公司的软件确实物超所值，不仅各项指标令人满意，我们提供的某些服务甚至远远超出了他们的预期。

客户：真的像你说的那样的话，那确实是很不错。这样吧，你们先派个工程师到我们公司看一下具体情况，如果可以安装，我们就用你们公司的软件。

客服琳琳：好的，我尽快安排工程师前往。

与其他公司相比，琳琳公司提供的软件价格贵了很多，这让客户有些难以接受。对于客户的质疑，琳琳从质量、售后服务等方面进行了比较，让客户认识到价格高也是可以接受的。尽管琳琳公司的软件在价格方面不占优势，但是综合而言，它依然展现出了较高的性价比，最终让客户选择了它。

任何一件产品，都不可能十全十美，而客户讲价的时候，往往会在各个方面寻找不足并不断挑剔。面对这种情况，客服人员应该向客户展示和分析产品的各项指标，并通过综合表现赢得客户的认可。一旦客户产生认同感，那么他们自然不会继续讲价。

[重点回顾]

1．客户对产品产生怀疑，往往是为了打压价格，只要能够合理消除质疑，那么讲价的基础就将失去，客户打压价格的行为便没有存在的道理。

2．对于自己的产品，客服人员应该有清晰的认识，可以做到通过分析去展现产品的综合表现，让客户感受到物超所值，这样才能赢得客户的认可。

拓展练习

认真阅读下列陈述，判断其是"对"还是"错"。

1. 与别家的产品进行比较时，选择那些比自家产品更优良的产品更好一些，因为这样可以体现出自家产品的高品质。

2. 与别家产品的比较，不仅要胜在价格上，也要胜在质量上，这样才能有更多的客户愿意购买。

3. 客户的品位和他们所使用的产品有着紧密的关系，通常来说，品位越高，使用的产品价值也越高。

4. 客服人员应该以诚实的态度去接待每一位客户，"戴高帽"这种行为是完全不可取的。

5. 客服人员和客户站在不同的立场，所以对价格有不同的认知，双方在价格方面发生的分歧，可以说是不可调和的矛盾。

6. 客户对价格关注过多时，客服人员可以尝试转移他的注意力，客户对价格的关注减少时，会有利于达成交易。

7. 客户总是希望获得低价，而客服人员却不能总是满足其要求，这是一种博弈，在考验双方的智慧。

8. 客服人员想要拒绝客户的讲价，需要各种各样的手段和方法，只有综合运用，才能赢得客户的认可。

9. 任何一件产品都有缺点，客户想要找到缺点，是一件很容易的事情，所以想要赢得他们的认可基本不可能。

10. 对于客服人员来说，客户讲价是一种无法避免的现象，如果不能降价，那就直接拒绝，没必要向客户多做解释。

相关案例

芸芸和朋友合伙开了一家小店，专门售卖一些从各处淘来的新奇玩偶。一天，她正在整理店铺的商品，一个漂亮的女孩走了进来。

"您好，美女！欢迎光临。"芸芸热情地向女孩打招呼。

"你好！"女孩回应道。

"请问您想买点什么呢？"

"我也不知道，随便看看。"

"好的，您请随便看，如果您有什么需要，可以随时叫我。"说完，芸芸继续整理商品去了。

过了一会儿，女孩拿着几个喜欢的玩偶来到付款台，说："老板，结账。"

芸芸急忙放下手中的东西，来到女孩面前。

"我买了这么多东西，能不能打个折啊？"女孩问。

"实在对不起！我家店里卖的东西已经是最低价了，没法给您打折。"芸芸婉言相拒。

"怎么可能？别家店里的这种玩偶，比你这里便宜多了。"女孩理直气壮地说。

"别家的一些玩偶价格确实比我家的低，但是质量上肯定没有我家的好。我们的玩偶材质符合国家标准，生产厂家信誉可靠，这是那些低劣玩偶的厂家无法比拟的。如果玩偶的材质有毒，那会对您的身体造成很严重的伤害。虽然是多花了些钱，但是对身体是很有好处的，您说呢？"芸芸面带微笑地说。

"我十分赞同使用安全材料，但是我是第一次来，也不知道是不是真的像你说的那样。你给我打个折，我下次还过来。"

"不管您是第几次来，我家店里的玩偶都是一样的价格。我家店里有很多是回头客，还有一些顾客是朋友介绍过来的，无论谁来，我都会公平对待。不能说前一个顾客不打折，后一个顾客却打折，这样会损害前一个顾客的利益。还请您谅解！"

"既然你说质量这么好，这么多人支持，那我就相信你一回。我再多买几个，你给我走个批发价，行不行？"

"刚才我已经说过了，我家店里的玩偶质量上乘，相信您也一定能看得出来，这个价格本来就是薄利多销，实在没有让价的空间。真的很抱歉！不能让价了。"

"这么说就是怎么着都打不了折了呗，如果这样的话，那我就不买了。"女孩发出了最后通牒。

"我看您是真心喜欢这几个玩偶，我也愿意和您做成生意，毕竟能找到自己喜欢的东西很不容易。但是我确实没有办法给您打折，因为材料成本已经限定在那里了，而且这家店也不是我一个人的。这样吧，我自己掏钱给您打个折，咱们这也算是认识了，希望您以后多多光临。"芸芸的脸上依然带着笑容。"好吧，这几个玩偶我买了。也别打折了，让你自己掏钱我也很不好意思。"女孩拒绝了芸芸的提议，付钱之后高兴地走了。

在女孩一直要求打折的情况下，芸芸并没有妥协，而是从玩偶质量和公平对待客户方面着手，让女孩找不到讲价的依据。当女孩使出"不打折就不买"这个撒手锏的时候，芸芸用"自己掏钱"的方式赢得了女孩的同情和好感，并最终在没打折的情况下完成了交易。女孩没能实现打折的目标，却依然高兴地走了，不得不说芸芸的谢绝方式在其中起到了很大的作用。

快问快答答案

1. 错　2. 对　3. 对　4. 错　5. 错　6. 对　7. 对　8. 对

9. 错　10. 错

第八章

处理投诉有诀窍，分分钟
挽回客户的心

当客户对产品或服务感觉不满的时候，他们很可能
会以投诉的方式表达自己的态度，这种状态下的客户，
往往情绪激动，不容易进行沟通。对于这种情况，客服
人员应该保持冷静，认真倾听客户的投诉，进而分析投
诉产生的原因，再辅以相应的技巧和手段，给予客户一
个满意的答复，以暂时安抚客户的情绪，给双方的沟通
创造相对平和的氛围，为挽回客户做好铺垫。

以最快的速度了解投诉产生的原因

> 客户投诉，说明某些方面没有达到他们的预期。客服人员的首要工作，就是以最快的速度与客户取得联系，通过沟通去了解投诉产生的根本原因。

对于投诉，相信客服人员都不陌生，甚至曾产生深刻的印象。这种情况一旦出现，客服人员往往要花费大量的时间和精力，去了解投诉产生的原因，并为投诉的客户找到相应的解决方案，尽最大的努力去挽回客户，以免对店铺产生长期的影响。

对于客服人员来说，当接到客户的投诉时，一定要以最快的速度与客户取得联系，以便了解投诉产生的原因，这种积极的姿态会让客户产生受到重视的感觉，即便他依然充满意见，但这种处理方式也比对客户置之不理或是"冷处理"好得多。

客服晶晶：亲，您怎么这么晚还不睡觉？要注意休息哦！

客户：你不是也没睡吗？

客服晶晶：现在是我的工作时间，当然不能睡觉了。

客户：我已经习惯熬夜了，早睡也睡不着。

客服晶晶：看来咱们都是夜猫子啊，哈哈。

客户：你熬夜是为了工作，我熬夜只是为了消磨时间，还是有些不一样的。

客服晶晶：确实有点不一样啊。说到工作，我刚刚不经意间注意到您投诉了我们店铺，不知道我们哪方面做得让您不满意？

客户：我上个星期在你们店里买了一瓶隐形眼镜的护理液，可是今天戴隐形眼镜的时候感觉眼睛很不舒服，我怀疑护理液有问题。

客服晶晶：不应该啊，我们的护理液都是新近到货的，都在保质期之内。

客户：我之前也看了，确实在保质期内，但是我的眼睛就是很不舒服。

客服晶晶：请问您的护理液是每天都更换吗？

客户：那倒不是，只有戴过隐形眼镜之后才换一回。

客服晶晶：这次是几天前换的呢？

客户：四五天了吧，我也记不清了。

客服晶晶：这样啊，我建议您隐形眼镜的护理液最好每天更换一次，毕竟隐形眼镜和眼球直接接触，清洁度一定要保持得很好才行。

客户：好的，谢谢提醒，我以后一定注意。

客服晶晶：还有一点您也得注意，总是熬夜的话，眼睛会很疲惫，也会增加眼睛的不适感。特别是您长时间使用电脑的时候，最好不要戴隐形眼镜。

客户：嗯，我知道了。谢谢关心啊！你对我的投诉还挺上心，这么快就跟我联系了。

客服晶晶：让客户满意是我们最大的追求。如果再有什么问题，您可以直接跟我们客服联系，我们将竭诚为您服务。

客户：好的，我会的。

客服晶晶：那就不打扰您了，早点休息吧！

虽然时间已经很晚了，晶晶依然在第一时间与客户取得联系，在了解客户的投诉原因之后，对客户提出了正确使用护理液及注意用眼卫生的建议，客户对此十分满意。当客户按照晶晶的建议去做并取得良好的效果时，相信他会更加认可晶晶，甚至会变成晶晶店铺的忠实客户。

对于客服人员来说，客户的每一个投诉，都像是为自己敲响的警钟。在客户的不断鞭策和监督下，客服人员才能不断发现产品和自身的不足，随着自身的不断完善，客服人员最终会变成更加优秀的人。从某种角度上说，客户的投诉是促使客服人员前进的动力，越早了解投诉的原因，便能越早为客户提供相应的服务，客服人员也就越能得到客户的认可和信任。

[重点回顾]

1．客户投诉并没有固定的产生时间，这就要求客服人员时刻保持警惕，一旦遇到客户投诉的情况，就要在第一时间与客户沟通，了解投诉的具体原因。

2．客户投诉，说明他们对产品或服务有所不满，越早与他们接触，客户越会产生被尊重的感受，这对解决投诉问题具有十分积极的意义。

微笑的感染力不可忽视

　　　　微笑是一种良好的沟通工具，它所带来的巨大感染力，能够让客户阴郁的心情变得明亮起来，这样一来，处理客户投诉的工作便会变得简单起来。

　　人的面部表情十分丰富，人们可以通过它们来表达自己的感情，如微笑代表高兴，皱眉代表不快等。面部表情的变化会在不知觉间表现出来，有的时候，人们即便想隐藏自己的感情，也会因为表情的"背叛"而面临失败。所以说，客服人员在与客户沟通的时候，一定要注意自己的面部表情。在众多的表情中，微笑可谓最好的沟通工具，尤其是在处理客户的投诉时，微笑更会给客户带来良好的情绪体验。

　　但是，客服人员也要注意一点，微笑并不是简单的面部表情的堆积，而是发自内心的情感表达，只有那种可以体现个人精神面貌的真诚微笑，才能打动客户。

　　银行柜员：您好！请问您要办理什么业务？

客户：我想取点钱。

（客户说着便把银行卡递过去）

银行柜员：您想取多少？

客户：10万。

银行柜员：请问您提前预约了吗？

客户：哦，这倒没有。

银行柜员：很抱歉，您没预约不能取。

客户：这是什么意思？我自己的钱还不能取了？

银行柜员：不是不能取，是需要提前预约。

客户：事发突然，我也不知道要用这么多钱，怎么提前预约？

银行柜员：反正我是没法给您取这么多。

客户：你这是什么态度？把你们经理叫来，我要投诉你！

（客户情绪十分激动，对着柜员嚷起来，经理急忙面带微笑地赶了过来）

经理：您好！我是经理。实在抱歉，给您带来麻烦。有什么事情您可以跟我说。

客户：我要取10万块钱，这个柜员说什么都不给我取，态度还很恶劣。

经理：您稍等一下，我先了解一下情况，柜员的态度不好，我代她向您道歉。

（说完，经理向柜员了解了具体情况，并让柜员向客户道歉）

客户：这种态度还差不多，为什么不能取你好好跟我说，至少给我个理由，我也好接受一点。

经理：这个柜员刚来不久，虽然能力足够，但是在接待客户方面还需要提高。

（经理的脸上依然带着微笑）

客户：这个我也能理解，我是遇上了急事，所以有些着急。

经理：您的情况我也能理解，但是也请您理解我们，我们的备用金是有限的，如果给您取得太多，我们恐怕周转不开。

（经理赔着笑脸向客户解释）

客户：这样啊，我明白了。但是我真的有急事，能不能通融一下？

经理：您的这种情况，我们还是体谅的，而且今天存款比较多，可以给您办理取款，您别着急，我立刻安排柜员给您取。

（经理的脸上始终带着微笑，这让客户倍感温暖）

客户：谢谢你啊！真是太感谢了！

银行的规定是死板的，但是银行职员可以根据实际情况进行调整，而案例中的银行职员没有这样做，她不顾客户的利益，结果引来了投诉。面对暴跳如雷的客户，经理真诚地微笑和道歉，让客户倍感舒心，焦躁的情绪在沟通中也逐渐平复下来。从中不难看出，微笑比冰冷的表情更容易被人接受，更容易走进客户的心。

微笑的力量令人惊叹，它所带来的感染力，会让客户的心情由阴转晴，由此而产生的积极力量，能让客户以更加平和的态度去看待自己的投诉，去理解客服人员的难处，这样一来，客户的投诉自然会减少。

[重点回顾]

1．客户进行投诉的时候，心情大多是不好的，如果客服人员能以微笑的态度去处理投诉，就会让客户的心情逐渐转好，这对解决问题有很大的帮助。

2．客服人员的微笑，不能仅仅是外在的表情，而要发自内心，充满真诚，这样才能真正打动客户。

抓住时机，进行适当的解释

> 　　面对客户的投诉，确实应该想方设法地为客户寻找解决问题的方案，但是仅仅去做还不够，还需要向客户解释究竟在做什么，应该怎么做，这样才能赢得客户的理解和支持。

　　在接到客户投诉的时候，客服人员不仅需要保持良好的心态并在第一时间了解投诉产生的原因，还需要在为客户寻找解决方案时适当地向客户解释，只有让客户知道自己的行动有何意义，才能让客户放下心来，顺利地解决投诉。

　　有些人或许会说，当客户投诉的时候，最好的应对方式是安静地倾听。倾听自然没错，但是如果一味沉默，不做任何解释，反而会让客户觉得你是在消极对抗，并不是真心实意地要为他们解决问题。所以说，在适当的时候向客户解释自己的所作所为，能让客户的心情变得平和起来，对于解决问题有着十分积极的意义。

　　客户：我们公司前段时间买的打印机出问题了，你们赶紧给维修一下吧！

客服甲：好的，您把打印机放在这里，然后填个维修单吧!

客户：好的，打印机放在这里了啊!

客服人员甲：嗯，放在这里就可以了。

（客户填好维修单，交给了客服甲）

客户：大概什么时候能修好?

客服甲：这个说不好，等维修完了就会给您打电话的，您回去等着就是了。

客户：可是我们有急用，能不能快一点?

客服甲：这个恐怕要拿回厂里维修，所以具体的时间我也说不好，您就回去踏实等着吧!

客户：还踏实等着? 你知道这一台打印机停止工作，会给我们公司带来多大的损失吗? 你到底有没有为我考虑? 赶紧把你们经理找来。

（客服乙听闻，赶紧过来调解）

客服乙：实在对不起，先生，您先别生气。咱们都是为了解决问题，请您先跟我来。

（说着，客服乙将客户引领进一个房间）

客服乙：真是抱歉啊，我再次为之前的事情向您道歉。您也知道，这款打印机的技术比较先进，只有拿回厂里，请技术部门的同事仔细检验，才能确定故障原因。如果我们随便告诉您一个原因，那么很可能会出现更大的故障。等技术部门检查之后，我一定第一时间向您反馈情况。

客户：你这么说，我能理解。其实我也不是要求立刻修好，只是希望能有一个确切的时间，这样我才能安排自己的工作。

客服乙：您说的话我都明白，我们一定会以最快的速度进行维修的。等明天了解检查情况之后，我一定给您打个电话。

客户：好的，谢谢你啊!

客服乙：不客气! 您慢走啊!

在这个案例中，客服甲和客服乙采取了不同的应对方式，前者刻板呆滞，只说做法不讲原因，这让客户误认为客服甲在敷衍了事，完全不顾自己的利益。客服乙则分析了维修的流程，让客户明白了无法给出具体维修时间的原因，并向客户做出承诺，客户心里有了底，也就不会那么焦躁了。

在客户投诉的时候，倾听固然重要，但是如果一味沉默，便无法表达自己的观点，也无法阐述自己究竟在做什么，在这种情况下，客服人员和客户的沟通便没有了意义。如果能抓住恰当的时机进行适当的解释，就会让客户产生更多的安全感和信任感，这对于客服人员展开工作是大有裨益的。

[重点回顾]

1. 接到客户投诉的时候，认真倾听是一个重要的工作内容，但并不是所有的内容，只有在倾听的过程中恰当地进行回应和解释，双方的沟通才有实际的意义。

2. 客服人员应该搞清楚一点，那就是解释并不是狡辩，针对出现的问题，给客户寻找一个合理的解决方案，并让他们知道具体的操作流程和大体规划，这会让客户产生更多的信任感。

必要情况下，可以通过提问获取更多信息

　　　　投诉产生的时候，许多客服人员会觉得手足无措，尤其是遇到客户表达不清的情况，更是不知如何应对。实际上，在这种情况下，适当地进行提问会收到意想不到的效果。

　　有的时候，客户的投诉仅仅是一个笼统的概述，很难准确表达投诉的原因所在。当客服人员无法理解客户的意思或是对某些问题不甚清楚时，可以通过提问来引导客户说出问题的关键所在，以便于精准定位，快速找到症结，为解决问题节约时间和精力。

　　如果客户能够理解客服人员的心意，他们就会对客服人员产生更多的理解和信任，这样一来，他们的不满情绪将会得到极大的削减。当然，在提问的时候也应该运用一定的技巧，这样更加有利于双方进行顺畅的沟通。实践证明，下面三个技巧是常用而且有效的。

1. 提出开放式的问题

　　所谓开放式的问题，就是可以让客户较为自由地表达观点、感受的

问题。通过提出开放式的问题，客服人员可以了解一些基本情况及客户的需求。

通常来说，在服务的起始阶段，客服人员大多会使用这种方式提问，因为它有助于创造一个较为融洽的沟通氛围。但是，这种提问方式也有其弊端，那就是客户给出的答案往往也是开放式的，这不但增加了提供服务所需的时间，而且客服人员也无法收集到足够的有效信息。因此，客服人员还需要掌握提出封闭式问题的方法。

2. 提出封闭式的问题

所谓封闭式的问题，就是答案相对固定甚至单一的问题，有的时候客户只需要回答"是"或"不是"即可。通过提出封闭式的问题，可以帮助客户对自己的情况做出判断。

当然，提出封闭式问题需要一定的前提，那就是客服人员需要具备丰富的专业知识，而且要尽量引导客户给出肯定的答案，这样一来，客户就会被客服人员的专业知识和判断能力折服，从而产生信任感。

3. 综合运用开放式问题和封闭式问题

从上面的叙述中不难看出，开放式问题和封闭式问题都有存在的意义和价值，而且各有其优点和弊端，如果可以将二者融合在一起加以运用，那么所起到的效果肯定会更好一些。通常情况下，应该以开放式问题作为开端，之后便可以转入封闭式问题。这两种提问方式交替使用，可以迅速找到问题所在，进而有的放矢地展开相关工作。

想要成为一名优秀的客服人员，不能只懂得倾听客户的诉求，也不能仅仅跟着客户的脚步去展开工作，而是要发挥自己主观能动性，通过提问的方式去获得自己需要的信息。提问的目的，在于尽快找到产生投诉的症结所在，毕竟只有找到根源，才能采取相应的措施。可以说，准确而成功的提问，不仅是解决客户投诉的必要手段，还是节约时间和精力的一条捷径。

[**重点回顾**]

　　1.在不理解客户投诉问题的情况下，客服人员可以通过提问的方式来获得更多的有用信息，这对于解决问题十分必要且相当有效。

　　2.客服人员所提的问题，应该包括开放式问题和封闭式问题，只有将两者巧妙地融合在一起，才能达到最好的提问效果。

处理投诉的沟通禁忌

处理投诉是一件让客服人员感到头疼的工作，一旦触及某些沟通禁忌，客户将会产生更大的不满，给客服工作带来更大的困难。

既然客户已经进行投诉，说明他们对某些方面感觉不满，如果客服人员不能提供令他们满意的解决方案，或是在沟通过程中触犯了某些禁忌，那么客户的不满将会不断升级，最终演变成难以挽回的局面。

所以说，客服人员一定要注意避免专业性不足、表现怠慢、缺乏耐心、推卸责任、随意承诺等沟通禁忌，力争为双方创造一个良好的沟通氛围。一旦客服人员触及禁忌，客户将会对客服人员失去信心和沟通的欲望，客户流失便将不可避免。

1. 专业性不足

对于客服人员来说，专业性是十分重要的基本素质。当客户投诉的时候，如果客服人员无法表现自己的专业性，可能会被客户认为是在故意糊弄，这很可能会使投诉升级。所以说，想要成为一名优秀的客服人员，就应该不断充实自己的专业知识。

2. 表现怠慢

顾客上门投诉的时候，本就心情不佳，倘若客服人员再表现得十分怠慢，客户很可能就会被激怒，彻底陷入绝望之中。对于投诉的客户，客服人员应该表现出极大的热情，这会在一定程度上化解客户的怨气，对笼络客户的心有很大的帮助。

3. 缺乏耐心

从事客服工作，保持耐心是十分重要的，在处理客户的投诉时，尤其应该展现自己的耐心。当客户发泄不满的时候，客服人员一定要耐住性子，听其发泄不满。在协商解决方案的时候，也要保持耐心，力求和客户达成一致。

4. 推卸责任

很多客服人员会习惯性地推卸责任，当客户投诉的时候，他们会竭力撇清关系，以为这样客户就不会将矛头指向自己。殊不知，一个没有责任感的人，注定无法赢得别人的信任。犯错并不可怕，可怕的是错了却不敢承认，只要敢于担当，客户还是可以理解的。

5. 随意承诺

在接到客户投诉的时候，有些客服人员会觉得手足无措，为了赢得客户的认可和信任，他们便随意答应客户提出的要求，却没有考虑自己有没有能力去兑现承诺。一旦客户发现客服人员的承诺变成了空头支票，他们的不满将会成倍地增加。

在处理投诉的过程中，客服人员一定要注意自己的表现，在沟通中千万不可激起客户更多的不满和愤怒，不然的话，之前的投诉还没解决，更多的投诉就会接踵而至。上述的五种禁忌，需要客服人员多加注意，在接待投诉的客户时，如果能够避开它们，将会令双方的沟通变得更加融洽，对最终解决问题是非常有用的。

[重点回顾]

1．对于客服人员来说，处理投诉是一个不得不面对的难题，优秀的客服人员，不仅能消除客户的不满，还能借助投诉去巩固与客户之间的关系。

2．在处理投诉的时候，一定要注意沟通中的禁忌，一旦触碰了"红线"，客户的不满和怨气便会成倍增加，会给客服工作带来更大的困难。

拓展练习

认真阅读下列陈述，判断其是"对"还是"错"。

1. 有的时候，某些客户选择投诉完全是没事找事，对于这样的客户，完全没有必要和他进行深入的沟通。

2. 客户的投诉对于客服人员来说是一种鞭策和激励，它会督促客服人员去发现产品和自身的不足，并在改进中不断取得进步。

3. 面对投诉，客服人员要保持积极的心态，微笑面对比愁眉苦脸更容易解决问题。

4. 客户在投诉的时候往往情绪激动，即便微笑待之，恐怕也很难让他们产生好感。

5. 客户在投诉的时候，最好不要做任何解释，因为这种行为会被客户认为是在推卸责任。

6. 如果客服人员一味沉默，就会让客户觉得他是在消极怠工，这对于解决问题可谓百害而无一利。

7. 在与客户沟通的过程中，客服人员显然处于劣势地位，想要向客户提问，简直是异想天开。

8. 通过提问，客服人员可以了解更多的关于投诉的信息，所以说，客服人员应该尽可能多地提出问题。

9. 沟通中的禁忌需要客服人员多注意，处理投诉时更要对沟通中的禁忌多加小心。

10. 客户的投诉是难以避免的，它不过是客服众多工作内容中的一个部分，不需要过多关注。

相关案例

一位女士满脸怒气地走进一家女鞋专卖店，大声喊道："你们赶紧给我看看这双鞋是怎么回事。"

听到她的喊声，导购员玲玲和欢欢一起走了上去。那位女士手中拿着一双鞋，十分气愤地说："你们自己看看，这鞋是什么质量？刚刚买了一个月，就变成这样了。赶紧给我退钱！"

玲玲和欢欢仔细观察了一下，发现鞋子的主要问题是鞋面被水渍涸染，出现了很多斑点。这种情况，一般是皮鞋沾水后没有及时清理导致的，是顾客处理不当造成的后果，而非鞋子的质量有问题。可是那位女士并不认可这种说法，坚持认为是皮鞋的质量问题。

玲玲回复道："小姐，这种情况并不是质量问题，而是因为皮鞋沾水之后您没有及时清理造成的。所以说，我们没法给您退货。"

"我以前穿的鞋怎么从来没有出现过这样的问题？肯定是质量有问题，不要废话了，赶紧给我退钱！"那位女士不容分辩地说。

"小姐，真皮皮鞋沾水之后应该马上擦干……"

"我不管鞋子是什么材质，我花千把块钱买的鞋，没想到刚穿一个月就变成这样，非得给我退钱不行。"还没等玲玲说完，女士就气冲冲地打断了她的话。

这时，欢欢把玲玲拉到身后，对那位女士说："小姐，您先不要生气。鞋子变成这样，放在谁身上都会觉得憋屈。您的心情我可以理解，但是这样争论下去，对解决事情根本没有帮助。刚刚我的同事只是想告诉您正确打理鞋子的方法，这样您以后就不会再遇到这样的烦恼了。"

"你的意思我能明白，你的好意我也心领了，可是现在的问题是我的鞋子已经不能穿了，这要怎么处理？"女士的心情平复了一些。

"谁都不愿意白白花那么多钱，我们当然也希望您可以买到称心如意的鞋子。刚刚我的同事也说了，这是沾水之后没有立刻擦干造成的。我们可以试着帮您做一下补色，补完之后和新鞋是一样的。"欢欢提出了自己的建议。

"补完就看不出来了？"女士对欢欢的提议有些质疑。

"当时您花那么多钱买这双鞋，现在又为了它花费时间和精力，我想您还是很喜欢这双鞋的，对吧？我能理解您的想法，不然我们先帮您补补色，看看效果如何，然后再做决定，您说呢？"欢欢继续劝说那位女士。

"我本来是挺喜欢这双鞋的，可是现在我有点失望，不想要了。"女士有些失落。

"如果这双鞋不出现水渍的问题，我想您就不会觉得失望了，是不是？我们帮您做好补色之后，只要您注意保养，这双鞋还是很好穿的。而且您这么有气质，穿上这双鞋，实在是很合适啊！"欢欢夸奖那位女士道。

"好吧，那就先补补色看一下吧！"最终，女士终于妥协，接受了欢欢的建议。

女士对鞋子保养不当，使得鞋子出现了问题，可是她认为是鞋子质量的问题，因此提出立即退货的诉求。在众目睽睽之下，女士对鞋子质量的投诉自然会引起其他顾客的关注，如果处理不当，对其他顾客也将产生消极的影响。与玲玲相比，欢欢的处理方式显然更加成熟和有效一些。她站在女士的角度上，帮女士分析出现问题的原因并提出解决的办法，在不懈的努力下，女士终于接受了欢欢的建议，放弃了立即退货的诉求。

快问快答答案

1. 错 2. 对 3. 对 4. 错 5. 错 6. 对 7. 错 8. 错

9. 对 10. 错

第九章

方法得当，轻松解决差评问题

现代社会，网络极度发达，这对客服人员应对差评提出了更高的要求。这是因为，客户对产品的任何不满，都有可能立即被他们发布到网上，并在片刻之间传遍网络，在人群中引起极大的反响。在这种新局势下，客服人员需要采取更加快速、有效的手段，去解决客户的差评问题，这样才能尽量挽回声誉，重新赢得客户的信任。

合理的解释是消除差评的前提

> 通常而言，客户不会无缘无故地给出差评，如果可以给予客户合理的解释，往往可以消除客户心中的不快，让他们回归平和的状态，为消除差评打下坚实的基础。

客户之所以给出差评，有的是因为产品的质量有问题，有的是因为卖家的服务态度不好，等等，具体原因不一而足。但是无论是何种原因造成了客户的不满，客服人员都要针对具体的原因给出合理的解释，这样才能消除客户心中的不快。

发现客户的差评之后，客服人员要做到平静对待，并积极与客户联系，以了解客户给予差评的具体原因，然后再根据实际情况向客户解释为何会出现问题。

客服小磊：您好！我是××店铺的客服小磊，很抱歉打扰您！刚刚我发现您给了我们一个差评，能不能问一下是为什么呢？

客户：你们这物流也太慢了！说好三天到货，结果都过去一个星期了，东西还在路上呢。

　　客服小磊：哦，是这样啊！给您带来不便，十分抱歉！您的心情我能理解，换作是我的话，一定也很生气，说不定都等不了一个星期就给差评了。

　　客户：我等得确实也很心烦。

　　客服小磊：实在对不起！我们也没想到会延迟这么久，毕竟我们确定订单之后就以最快的速度发货了。

　　客户：你们发货没耽误？那是怎么回事？是快递公司的问题？

　　客服小磊：是啊，马上就到春节了，有些快递员已经回家过年去了。快递公司的人手不够，所以来不及投递。虽然事实如此，但这也是我们的责任，我们没能预先考虑到快递公司的因素，这是我们的失误。实在是非常抱歉！

　　客户：原来是这样，看来和你们并没有多大的关系，我给的差评好像有点唐突了。

　　客服小磊：谢谢您的理解！如果您能抽出一点时间帮我们修改一下评价，我们将不胜感激！

　　客户：不用这么客气，这次确实和你们关系不大，是快递公司的失误造成的。

　　客服小磊：您真是太好了！下次光临小店的时候，我们一定给您优惠。

　　客户：其实我也知道，现在干什么都不容易。算了，我帮你改一下评价。

　　客服小磊：多谢您的理解和帮助，祝您生活愉快！

　　客户的商品没能按照既定的时间送达，所以他给店铺打了差评，从客户的角度来说，他并没有错，但是对于小磊来说，这个差评让人有些委屈，毕竟这个错误是快递公司造成的，与小磊的店铺并没有多大的关系。在与客户沟通的过程中，小磊向客户解释了商品未能按时送到的原因，并得到了客户的体谅，最终帮助小磊修改了评价。

一般来说，客户都是很善解人意的，只要客服人员有充足的理由去解释出现问题的原因，大部分的客户都不会难为客服人员，还会十分配合地修改自己的差评。对于客服人员来说，想要赢得客户的理解和体谅，就要从问题的根源入手，给予客户一个具有说服力的解释。

[重点回顾]

1. 客户给予差评的时候，客服人员应该尽快联系客户，了解差评产生的原因并通过合理的解释获得客户的谅解，进而请求客户修改差评。

2. 无论造成差评的原因是否在自己身上，都要尽量给予客户满意的解释，毕竟差评的影响是很大的，越早消除，对店铺越有利。

真诚的道歉可以消弭客户的糟糕体验

> 客户之所以给出差评，大多是因为其糟糕的消费体验。当客服人员真诚地表达歉意时，客户的内心往往会受到触动，毕竟每个人都会犯错，客户也会愿意给客服人员一个改正的机会。

作为客服人员，应该重视每一个客户的每一个差评，因为每一个差评都至少代表着一个问题。客户的差评其实也是他们的观点和意见，只不过这种表达方式有些让人难以接受罢了。

客户在提出问题、给予差评的过程中，毕竟耗费了自己的时间和精力，如果客服人员对差评置之不理，也就等于对客户毫不在意，这会让客户心生失望，或许从此之后都不愿再与客服人员打交道。正确的做法是，客服人员应该积极面对每一个差评，并怀着真诚的歉意与客户进行沟通，这是让客户修改差评的必经阶段。假如客服人员不懂得真诚地道歉，就很难获得客户的认可，他们自然不愿去修改或取消差评。

客服默默：您好！××餐饮集团客户服务部。客服默默竭诚为您服务。

请问有什么可以帮您的？

客户：你好，我想问一下，××大酒店是你们旗下的企业吗？

客服默默：是的。

客户：那就好，我要投诉××大酒店的大堂经理××。

客服默默：好的，您请说。具体是什么情况？

客户：我上个星期天请朋友到××大酒店吃饭，因为几个人好久没见了，所以酒喝得有点多，结果一个朋友没忍住吐在了包间里。剩下的几个人都觉得很不好意思，急忙让服务员去拿工具，我们几个想帮忙清理一下。没想到，大堂经理××不仅不让用，还要我们赔偿。最让人气愤的是，他的态度十分恶劣，好像我欠他多少钱似的。

客服默默：给您带来这样的烦扰，实在是对不起！能不能麻烦您再说得详细一点？

客户：关于整个事件的经过，我已经发布到网上了，你可以自己去搜一下。

客服默默：哦，原来您就是给我们差评的客人啊！真是抱歉，给您添了这么大麻烦。我们一直想联系您，可惜没有您的联系方式。

客户：哦，我还以为网上已经产生这么大影响，你们还无动于衷呢，所以打电话再向你们投诉一次，想引起你们的重视。

客服默默：您在网上发布的帖子我们早就关注到了，对于事件的整个经过，我们也做了详细的调查，大堂经理的行为确实令人难以接受，他已经被停职了。影响了您与朋友相聚的好心情，实在很抱歉！还请您原谅！

客户：停职了啊，这就对了，作为经理，他连最起码的服务意识都没有，应该再去接受培训！

客服默默：您说得太对了，我们集团领导特意就这件事召开了一次会议，要求各位员工加强学习，提升个人能力，尽力为顾客提供最好的服务。所以啊，还得多谢您，给我们创造了一个学习的机会。

客户：嗨，也不能这么说，我当时也是气不过，所以就在网上发了帖子。

客服默默：我说的都是真心话，您的帖子是对我们的鞭策。那位大堂经理还准备上门向您道歉呢！

客户：这就不必了，只要他认识到自己的错误就行了。

客服默默：谢谢您！您真是宽宏大量！如果您觉得我们的处理方式能让您满意，麻烦您在网上帮我们澄清一下，撤销差评，行吗？

客户：嗯，好吧，看在你们的态度很好，我就帮你们消除一下影响。

客服默默：真是非常感谢您！也再次向您表示歉意！欢迎您继续监督我们，为我们提出改正建议。

面对给予差评的客户，默默用持续的道歉获得了客户的谅解，这为劝说客户取消差评做好了铺垫。在这次事件中，默默不仅用真诚的道歉挽回了客户的心，还让自己的能力得到进一步的升华。

对于客服人员来说，无论面对什么样的差评，无论差评产生的原因是什么，都应该以诚挚道歉的姿态出现在客户面前，这是解决问题的基础所在。毕竟没事找事的客户只是极少数，大部分客户一定是因为某些不满才会给出差评，客服人员愿意真诚地道歉，就说明认识到了错误所在，至少这种态度是很好的。对于那些敢于承认错误的人，大部分人的态度都是包容和谅解的。

[重点回顾]

1. 客户给出的差评，将对商家产生极大的负面影响，为了获得客户的谅解，客服人员应该表现出自己真诚道歉的态度，这样客户会感觉舒心很多。

2. 大多数客户都是宽容的，只要商家表现出应有的态度，坦然承认自己的错误，大多数客户还是愿意多给商家一次机会的。

采取补偿措施，尽量减少客户损失

当客户的利益受到损害时，他们很可能会以给差评的方式来表达自己的不满。对于客服人员来说，尽可能地挽回或是弥补客户的损失，是获得客户认可和谅解的极佳方式。

一般情况下，当客户的个人利益受到损害时，他们往往会给出较差的评价，对于这种情况，客服人员可以采取一定的补偿措施，尽量减少客户的财物损失。一旦客户的个人利益得到了保障，他们自然就会取消差评。

在与客户沟通的过程中，客服人员需要注意自己的言辞及补偿的方式、额度等，如果客户要求远超商品价值的补偿，那就可能是故意给出的差评。对于这种客户，客服人员不能轻易接受他的要求，以免对方得寸进尺，给店铺带来更大的影响和伤害。

客服小艺：您好！不知道有什么可以帮您的？

客户：你看看，这就是你们送货上门的香水吗？这个包装也太差劲了。

客服小艺：麻烦您跑这一趟，实在对不起！我先看一下怎么回事。

客户：我本来是买来送人的，你们给我弄成这样，我还怎么拿得出手？给你们店差评都觉得不够！

客服小艺：给您带来不快，实在抱歉啊！刚刚我看了一下，包装确实坏了，不过我们的包装不会出问题的……

客户：你这话什么意思？难道是我自己弄的？

客服小艺：您先别生气，我不是那个意思。我想这应该是送货员没有轻拿轻放或者是商品挤压造成的。不过无论哪种原因，责任都在我们，还请您原谅！

客户：原谅有什么用？这应该怎么处理？

客服小艺：您稍等一下，我请店长过来跟您协商。

店长：实在抱歉！给您带来麻烦和不快。刚刚小艺已经跟我说明了情况，您看这样好不好，我们为您重新包装一瓶香水，然后我亲自给您送货上门。这瓶包装压坏的香水呢，其实并不影响使用，自己用还是可以的。如果您不嫌弃，就送给您了，还请您多多包涵！

客户：我也知道还能用，只不过这要送人的，包装坏了拿不出手。

店长：这个我能理解，是我们工作没有做好，才给您带来麻烦。您是怎么过来的？不然我再退给您一些交通费？

客户：那倒不用了。你赶紧找人给我包装吧，我自己带回去算了，免得再出现损坏的情况。

店长：感谢您的理解！我马上让人帮您包起来，一定给您包得漂漂亮亮的。只是还有一件事要麻烦您，不知道您的差评……

客户：哦，这件事啊，放心，我立刻取消掉。你们处理问题的态度还是很不错的。

店长：谢谢您的鼓励，欢迎您多多光临！

在这个案例中，客户给予差评的原因是香水包装出现问题，使得客户无法按原计划将其送人，由于送货员的失误，客户遭受了一定的经济损失，这显然是她无法接受的。小艺和店长在与客户沟通的过程中，不仅表示了歉意，还为客户重新包装了一瓶香水，并将包装破损的香水送给客户使用。客户得到了补偿，她的个人利益没有受到损害，所以给差评的理由也就不复存在了。

无论造成客户差评的原因何在，首先需要考虑的是如何消除影响，将损失降到最小的程度。当然，这里所说的损失，不仅指客户的损失，还指商家的损失。但是在被给予差评的情况下，客服人员应该将客户的利益放在商家利益之上，只有先保证客户的利益不受损害，客户才会对商家做出良好的评价，才有可能取消差评。而取消差评，本身就是对商家的一种利好。

[**重点回顾**]

1. 客户对个人利益总是关注有加，如果客服人员能够通过补偿的方式去弥补他们的损失，客户往往就会欣然接受，撤销自己的差评。

2. 对于客服人员来说，客户的利益高于自己的利益，只有在保障客户利益的前提下，客户才愿意与客服人员进行沟通，客服人员的利益才能不断增加。

巧妙地转移话题

　　通常而言，客户都是通情达理的，他们给出差评，有时是因为正在气头上而已。对于这种情况，客服人员可以适当地转移话题，缓和一下气氛，客户的怒气一消，很可能就会撤销差评。

　　客户给出差评之后，想要让他们撤销差评并不是一件很容易的事，毕竟每个人都有自己的观点，而且总是认为自己的观点是正确的。如果在与客户沟通过程中遇到了瓶颈，一时之间难以让客户改变主意，那么不妨转移一下话题，说不定能够"柳暗花明又一村"。

　　一个优秀的客服人员，总会在适当的时候巧妙地转移话题，以缓和紧张的气氛，并能通过新的切入点或更合适的时机继续进行沟通。

　　客服娟娟：您好！有什么可以帮您的？

　　客户：我要投诉！给我意见簿，我要给××（员工）差评！

　　客服娟娟：您先别生气，有什么问题可以向我反映。

　　客户：我刚刚在挑书的时候，他一直在旁边盯着我看，我翻看了一下，觉得不是很好，就不想买了，然后直接把书放在了书架上，我准备离开的时候，看到他瞪了我一眼。

客服娟娟：您能确定他是在瞪您？

客户：当然，我问他"瞪谁呢"，他连理都没理我，直接把我挑的书拿走了，实在是太嚣张了。

客服娟娟：哦，是这样啊！实在是对不起！您稍等一下，我去了解一下情况。

（片刻之后，娟娟回来了）

客服娟娟：真是太抱歉了！让您遭受了不礼貌的待遇，我代表他向您道歉！

客户：别说你向我道歉了，就是你们全都向我道歉，也无法弥补我心灵受到的伤害！

客服娟娟：我能理解您的感受。其实我也跟您一样，经常挑选完东西之后又不想要了，这很正常。

客户：就是啊，我不想买了难道还不行了？

客服娟娟：买不买是您的自由，谁也不能强迫您。只是因为有些顾客总是把书放得乱七八糟，所以他有些心情不佳。

客户：这不就是他的工作吗？

客服娟娟：我也是这么告诉他的，这就是他的工作，不能对顾客产生不良情绪。他说并不是对顾客有意见，只是看到好好的书被放得到处都是，有些还被弄脏了，有些心疼，所以才会心情不好。

客户：原来是这样啊！看来他还是很爱惜书的。

客服娟娟：是啊，我们的员工都很爱惜书的，每一本书都像他们的孩子一样。不管怎么说，这种不礼貌的行为都是不应该出现的。我让他过来当面向您道歉！

客户：不用了，听你这么一说，我都有点不好意思了。跟他比起来，我对书的热爱还是不够啊！

　　客服娟娟：谢谢您的理解和宽容！那您还要意见簿吗？

　　客户：算了，算了，不要了，他也不容易。

　　客户对员工的表现十分不满，投诉和差评看似都不可避免了。这种情况对娟娟是一个很大的考验，她先是了解情况，表达歉意，然后尝试着和客户沟通。当她发现客户不愿接受道歉的时候，便悄悄地将话题从寻求原谅转移到了员工的日常工作上。当客户感受到员工的不易后，很自然地原谅了员工，差评的事情他也不再提起了。

　　与客户沟通差评问题的时候，如果发现沟通不畅或是很难说服客户，那么不妨将话题转移到别的事情上，以此冷却客户的愤怒情绪。当客户从愤怒中走出来的时候，他们往往可以更加清晰地认识到问题的根源所在，并对别人产生更多的体谅和理解。

[重点回顾]

　　1. 与客户的沟通无法进行下去的时候，适当地转移一下话题，或许可以另辟蹊径，在一个领域中达成某种共识。

　　2. 客服人员应该具备审时度势的能力，一旦发现无法按照预想的方式进行沟通，那就需要迅速转移话题，这样才不会让客户感觉烦躁，不愿继续沟通下去。

根据差评类型，做出适当沟通

客户给出差评的原因，并不完全相同，不同原因造成的差评，沟通方式也应有所不同。客服人员应该懂得为差评划分类型，根据不同的情况做出适当的沟通。

网络技术的高速发展，不仅为商家销售商品提供了新的渠道，也为客户给予评价创造了一个很好的平台。

在这个平台上，有好评也有差评，而消除差评往往是商家更为关注的事情。

当然，消除差评并非轻而易举的事情，客服人员在做这项工作时需要掌握一定的技巧，而将差评划归不同类型再进行相应沟通，无疑是一种很好的处理方式。通常而言，可以将差评分为一般差评、中等差评及疑难差评三类。

1. 一般差评

这一类型的差评，客户往往会给出"一般""不太喜欢"之类的评价。对于这种类型的评价，客服人员不必过于担心，只要积极与客户进行沟通，他们是比较愿意消除差评的。

　　客服欣欣：您好！打扰您了！您之前在我们店里买了一件衣服。不知道您穿起来感觉如何？我们想做一下售后调查。

　　客户：总体来说还算不错，只是颜色跟我想象的有点差距。

　　客服欣欣：这样啊，难怪您会用给差评的方式来评价这件衣服了。首先感谢您给我们提出了宝贵的建议，以后我们会多加注意的。

　　客户：不用客气！

　　客服欣欣：当然您也知道，相机拍出来的效果和实际效果还是有点色差的，这一点我们也已经做出了说明。

　　客户：嗯，我是看到了，但是收到衣服的时候还是有点小失望。

　　客服欣欣：这个我们也能理解。您说的这个问题我们以后会多加改进的。只是能不能麻烦您修改一下评价？

　　客户：好的，看你们服务这么周到，我等下就修改过来。

　　一般来说，给出这种差评的客户不会过于计较，只要客服人员态度够好，他们都会修改差评的。

2. 中等差评

　　这一类型的差评，客户往往会给出"物流太慢""质量不好""服务态度差"之类的评价。对于这种差评，客服人员应该严肃认真地对待，以诚恳的态度表现出改错的诚意。

　　客服主管：您好！抱歉打扰您！我是××店的客服主管。前天您给了我们店一个差评，原因是对服务不满意，能麻烦您介绍一下具体情况吗？

　　客户：我买的玩具汽车遥控器有问题，向客服反映，她说她不懂，要帮我咨询一下技术人员，结果我等了好几天，也没给我答复。

　　客服主管：原来是这样，我先替她向您道个歉！请您原谅！部分客服人员对专业知识不是很了解，相信您也能理解。

客户：这个我能理解，但是不给我回复，这个态度我实在不满意。

客服主管：谢谢您的理解！接待您的那位客服，我们会进行严肃的处理。请您相信，我们一定会努力改进，争取让所有的客户满意。

客户：嗯，只要知错就改，把问题解决了，其实没什么大事。

客服主管：有您这样的客户，我们真是太幸福了！再次谢谢您的理解！虽然有些不好意思，我还是要麻烦您一件事情。请您修改一下评价，好吗？

客户：只要能给我解决问题，我一定给你修改。

对于商品质量或服务引起的差评，客服人员首先要从自身找问题，只要能为客户解决问题，相信客户也不会为难客服人员。

3. 疑难差评

这一类型的差评比较复杂，可能包括上述两种差评中出现的部分或所有情况，对于客服人员来说，处理这类差评是一个极大的挑战。

遇到这类差评，客服人员首先要保持清醒的头脑，毕竟通常来说，商品不会出现如此多的问题，客服人员一定要冷静地进行分析，通过客户的表现、反应等做出准确的判断。

[重点回顾]

1. 客户给出差评的原因是多种多样的，客服人员要根据不同的情况做出不同的反应，而不是千篇一律，对所有客户都使用同一套说辞。

2. 客服人员应该知道，并不是所有的差评都是商品或服务真实情况的反映，客服人员应该有自己的判断，以免遭受不必要的损失。

拓展练习

认真阅读下列陈述，判断其是"对"还是"错"。

1．客户既然给出差评，说明他们的心中已经有了深深的失望，解释只会让他们觉得是在推卸责任。

2．客户给出差评，自然有其原因，客服人员应该找到这个原因，这是解决问题的根本所在。

3．客服人员处理客户差评的时候，并不是只要道歉就可以，道歉的态度同样很重要。

4．人人都会犯错，只要能以负责任的态度去处理问题，大多数客户还是比较宽容的。

5．为了让客户消除差评，无论他们提出什么补偿要求，客服人员都应该立刻满足。

6．减少客户的损失，其实就是在减少客服人员的损失，虽然在眼前吃了一些亏，但是长远看来，依然是得大于失的。

7．客户给出差评之后，往往不会轻易改变自己的决定，所以客服一定要死缠烂打，无论客户是什么态度，都要不断地劝说。

8．长时间地讨论一个问题，客户难免会感觉疲惫和厌烦，适当地转移一下话题，可以给客户带来新鲜感，或许能从另一个切入点解决问题。

9. 客户给出差评的原因虽然不同，但是差评带来的影响都是一样的，所以客服人员只要按照一般的处理程序与客户进行沟通即可。

10. 让客户消除差评并非易事，客服人员只要尽力就好，最终能不能消除并不重要。

相关案例

圆圆是一家网店的客服人员，在工作中，总要面对很多让客户消除差评的工作。

"您好！我是××店铺的客服人员，打扰您了，实在抱歉！刚刚发现您给我们小店差评，不知道哪里让您不满意？"圆圆发现一条差评之后，联系了客户。

"你们卖的衣服掉色很严重啊！"客户回复。

"我们的衣服都是手工染色的，洗上几遍就不会掉色了。这个问题我们在网页上已经注明了，可能是不够显眼，所以您没注意到。给您添麻烦了，还请谅解！"

"哦，原来是这样啊！我明白了。"

"看来这是一个误会，那您给的差评能不能麻烦您消掉？"

"差评啊，暂时还不能消。"

"为什么呢？"

"衣服掉颜色，和我想象的颜色不一样，我都不想穿了。"

"衣服的质量没有问题，掉色是正常情况，而且您已经洗过了，我们也没法给您退换。不过既然给您带来了困扰，我们还是感觉很抱歉。这样吧，我按照您的地址给您免费寄几双袜子过去，就算是我们的一点小小的心意，您觉得怎么样？"

"不怎么样，我要袜子有什么用？"

"不然我给您退回一半的货款，就算给您打个五折，怎么样？"

"衣服我都不想穿了，要了也没用，你给我退回一半的货款，也没什么实际意义啊？"

"那您说，怎么解决您才同意消除差评呢？"圆圆试探着问。

"这样吧，你把我买衣服的钱都给我退回来，我就给你修改差评。"客户给出了方案。

"我们之前从来没有这样处理过，我也不能擅自决定。这样吧，您稍等一下，我请示一下经理。"

圆圆请示完经理，再次和客户取得联系。

"您好！我们经理说您是老客户，可以给您破个例，只是得麻烦您先把衣服寄回来，然后我把钱和邮费一起退给您。"

"衣服我都已经洗过也穿过了，你还拿回去干什么？不会是想二次出售吧？"

"这怎么可能呢？穿过的衣服大家都能看得出来。我们把衣服拿回来，是为了研究一下掉色的原因，看看能不能有所改进，为顾客带去更好的消费体验。"

"原来是这样啊，你们还挺负责任。其实衣服穿起来还是挺舒服的，就是掉色之后我不太喜欢了。"

"这个我能理解，您也是老客户了，一直关照我们的生意，我们还得谢谢您给提出意见呢！"

"这么说我都不好意思了。我明天就把衣服寄回去，以后有什么新款服装，记得给我推荐啊！"

"这个没有问题，您尽管放心。只是要麻烦您修改一下差评，再次

谢谢您的支持！"

"没问题，我马上就改。"

　　面对给出差评的客户，圆圆首先表示道歉并解释了出现问题的原因，但是客户并不愿取消差评，即便圆圆提出补偿建议，客户依然不是很满意，而是坚持退回全款。圆圆在请示经理之后，终于圆满解决问题，让客户消除了差评。在整个过程中，圆圆娴熟地运用各种技巧，终于以最完美的方式解决了差评问题。

┌─────────────┐
│ **快问快答答案** │
└─────────────┘

　　1. 错　2. 对　3. 对　4. 对　5. 错　6. 对　7. 错　8. 对
　　9. 错　10. 错

第十章

让客户给出好评的技巧

　　能够得到客户的好评，说明客服人员的工作能力和态度都得到了认可，这是对客服人员的侧面表扬和夸赞，是客服人员个人能力和魅力的完美展现。好评越多的客服人员，往往越受客户的信任和支持，即便出现一些问题，他们也很容易得到客户的谅解。从这个角度来说，客户的好评是客服人员的"保护伞"，客服人员应该掌握一些技巧，尽量提升自己的好评率。

提前讲明产品的美中不足

> 世界上没有十全十美的东西，每一件产品必然都有微小的瑕疵，提前将产品的瑕疵告知客户，可以展现客服人员所具有的一种十分重要的美德——诚信。

人们常常将"以诚为本"挂在嘴边，可见人们对于诚信的重视程度。无论是在生活中，还是在生意场上，诚信都是一种颇受重视的美好品德。

对于讲诚信的人，人们往往会给予更多的信任，产生更多的好感。当客服人员将产品的微小瑕疵都告知客户的时候，客户心中涌起的将是无比的信任和感动，对于这样一个诚实的客服人员，客户又怎么会不真心相待呢？

客服六六：您好！先生，请问有什么可以帮您的？

客户：我想买个U盘。

客服六六：哦，您有没有什么具体要求？要什么品牌的？要多大容量？

客户：品牌不用太高端。容量嘛，32G的应该就行了。

客服六六：好的，您稍等，我帮您看一下。

（片刻之后，六六拿着一个U盘走了过来）

客服六六：先生，您看看这一款怎么样？64G容量。

客户：样子倒是挺好看的，带着也方便，但是这个容量太大了，没什么用。

客服六六：我知道您要买32G的，但是这款U盘今天做活动，只比32G的那个贵十块钱，我觉得还是这个比较划算。如果您觉得没什么用处，我就给您拿32G的那个看看。

客户：就差十块钱啊，那还是买这个吧，容量大一点也没什么关系。

客服六六：嗯，我也是这么觉得，所以才推荐给您这个。

客户：真是太谢谢你了，还替我考虑！

客服六六：您别客气，这是我应该做的。还有一件事我得跟您说，这个U盘虽然标着64G，但是真实容量达不到这么多，因为内存还要占据一定的空间。

客户：这个我知道，能理解。谢谢你的提醒和推荐啊！你的服务真是太让我满意了，以后买东西还来找你。

六六所说的真实容量问题，其实用过U盘的人基本都知道，即便他不说，相信客户也不会有什么疑问，或是对U盘质量产生怀疑。六六说出不足的这个举动，不仅反映了他的细致和用心，也说明他将客户的利益放在心上，即便只是一件非常细小的事情，他也要给予客户相应的提醒。对于这样的客服人员，客户自然是十分信任和喜欢的。

相对而言，客服人员对于产品的了解要比客户更多一些，产品本身带有的一些不足，也许客户并不是十分了解，如果客服人员可以提前告知客户产品的一些瑕疵，客户便会对产品产生更全面的认识，因而更容易做出购买的决定。

有些客服人员觉得，告知客户产品的不足，会让客户对产品产生负面评价，这会影响交易的达成。这种担忧并非没有道理，但是从另一个方面来说，如果客户购买产品之后才发现产品存在的不足，他们心中可能就会产生被欺骗的感觉，即便产品确实很好，他们也可能心生不满，由此对客服人员失去信任，根本就不会再次购物了。

两相比较，显然坦诚对于客服人员有着更多的益处，一旦交易达成，不但能够赢得客户的好评，还减少了客户因对产品了解不足而产生的疑问，为自己节约了时间和精力。

[重点回顾]

1．世界上没有十全十美的产品，瑕疵总是与产品相伴而生的。正视瑕疵的存在，坦诚告知客户，会让客户对客服人员产生较好的评价。

2．对产品质量没有影响的瑕疵，非但不会让客户对产品产生负面评价，反而会促使客户更快地做出购买的决定。

了解客户对产品的期望值

> 客户购买产品之前，总会对产品有一定的认知和期望，了解具体情况之后，客服人员才能更加有针对性地为客户提供相应的产品和服务，才有可能依此获得客户的认可和好评。

所有的客户在购买产品的时候，都会对产品有自己的期望，他们会设想自己需要的产品是什么样的，能够达到怎样的效果等，只有产品能够满足他们的期待时，他们才会觉得产品是物有所值的。

对于客服人员来说，想要赢得客户的赞许，得到客户的好评，关键在于提供的商品能否满足客户的需求。这就需要客服人员能够深刻了解客户对产品的期望，并能根据客户的期望介绍产品，以求最大限度地满足客户的需求。

客服小雨：您好！女士，不知道有什么能帮助您的？

客户：我想买一台冰箱。

客服小雨：哦，那您有没有比较关注或是看好的机型？

客户：我要看一看，再比较一下。

客服小雨：好的，您先转转看，有什么看好的机型，可以再跟我说，或者我给您介绍几款也可以。

客户：我自己看看吧，等一下再找你。

客服小雨：好的。

（一个小时之后，客户找到了小雨，带着她来到一台冰箱前）

客户：我觉得这一款样子不错。

客服小雨：您真是太有眼光了，这一款最近销量很好。您对冰箱有什么样的期待和要求呢？

客户：冰箱嘛，当然要制冷效果比较好，其次就是要省电一些，如果一天能控制在一度电之内，那就再好不过了。如果再能搭配一些小礼物，那就再好不过了。

客服小雨：制冷效果当然没问题，不然销量也不会这么好。但是省电这个问题，可能很难达到您的预期，因为冰箱的容积在这儿放着呢。相对而言，变频冰箱比较省电，如果您想买的话，咱们店里也有，只是价格上要高一些。至于小礼物，您只要买冰箱，我一定送给您。

客户：你介绍得还挺详细，还是不买变频的，就这台吧。

客服小雨：好的，我马上帮您开单，您去交钱就行了。

小雨接待客户的时候，表现得十分热情，在客户挑选了喜欢的冰箱之后，小雨及时了解了客户对冰箱的期望，并给予她相应的解答和建议，尽管在省电方面无法满足客户的要求，但是总体而言还是令人满意的，因此客户下了订单，一笔交易顺利完成。

对于客服人员来说，满足客户的需求是工作的重要内容之一，可以说，客户对产品满意程度是决定客户满意度的重要影响因素。如果产品与客户所望的相差甚远，那么客户不仅会对产品不满，还会给予客服人员差评；如果产品能够超出客户的预期，那么客户就会非常满意，并给予客服人员较好的评价。

[**重点回顾**]

1．每一个客户对产品都有自己的预期，如果能够达到客户的预期，他们就会对产品感到满意，对客服人员产生好感，给予好评。

2．有的时候，客户并不仅仅关心产品本身能够提供的价值，还有一些额外的价值，所以客服人员不能仅仅将目光停留在产品的固有价值上。

耐心处理客户的问题，为其找到解决办法

> 在客服人员为客户提供产品或服务时，客户难免会提出这样或那样的问题，越是在这种时候，客服人员越要表现出足够的耐心，努力为客户找到解决的办法之后，客户往往会给予好评。

在购物的过程中，客户总会遇到各种各样的问题，如果客服人员可以及时为客户答疑解惑，为客户解决问题出谋划策，那么往往可以赢得客户的好感，这样一来，获得好评就是顺理成章的事情了。

想要帮助客户解决问题，关键在于搞清楚客户究竟被什么样的问题困扰。这就要求客服人员多与客户进行沟通，并在沟通的过程中认真倾听，尽量让客户敞开心扉，倾诉他们心中的顾虑，然后才能提出相应的参考建议和解决办法。

售货员小米：您好，美女！想看看什么化妆品？

客户：听我朋友说，你们这有一款润肤露效果不错，我想看一下。

售货员小米：我们家的化妆品其实都很好的。不知道您朋友现在使用的

是哪一款？

客户：我也说不清楚，她只说是很火爆的一款。

售货员小米：我们店里的东西卖得都还可以，就算是说非常火爆的，我们这也有三四款呢。不然您给您的朋友打个电话问一下，确定一下比较保险。

客户：嗯，那你稍等一下，我打电话问问。

（片刻之后，客户打完电话回来）

客户：我让朋友把照片发过来了，你看一下就知道了。

售货员小米：嗯，您想得可真周到。原来是这款啊，卖得确实很好，许多顾客都反映效果不错。

客户：我在朋友那里试了一下，感觉还可以。只是不知道适不适合我这种油性皮肤。

售货员小米：实话实说，您朋友用的这款还真的不太适合油性皮肤，干性皮肤的人用起来效果更好一些。

客户：那我就不能买了呗！

售货员小米：虽然这一款不太适合您，但是我们这里也有适合油性皮肤的润肤露，和您朋友用的是同一系列，只不过所针对的群体有些差异罢了。

客户：它真的有效果吗？如果效果不如预期，怎么办？

售货员小米：如果是质量问题，我们会负责到底的，退货或换货，随您自己选；如果是效果方面的问题，这个要视情况而定，毕竟每个人的肤质都有差异，而且对效果的期待也不同。但是根据顾客的反馈情况来看，大多都是有效果的。

客户：谢谢你为我解答这么多问题，如果每个客服都像你一样这么有耐心就好了。

　　在这个案例中，客户在购买润肤露的过程中存在很多不确定的因素，包括不知道是哪一款，润肤露是否适合自己的肤质，等等。针对客户的疑惑，小米耐心地进行解答，最终为客户挑选到比较适合的润肤露。正是因为小米在整个过程中都保持足够的耐心，为客户提供贴心、优质的服务，所以小米才得到了客户的感谢和好评。

客户在购物之前，总希望对产品多一些了解，以确保最大限度地保护自己的权益，所以他们才会提出各种各样的问题。对于客服人员来说，每次为客户解决一个问题，便将交易向前推动了一步，在不断的解答中，客户不仅会做出购买决定，还会赞许客服人员的耐心。

[重点回顾]

1. 客户对于产品存在疑问，是因为他们对产品不够了解，如果客服人员可以为他们解答疑惑，他们心中的顾虑就会消失，也就会轻松地做出购买的决定。

2. 在与客户进行沟通的过程中，为客户解决问题是必然要经历的一个阶段，只有保持足够的耐心，才能顺利完成交易并得到客户的好评。

提升服务质量，赢得客户好评

> 客户给出好评的概率与服务质量的高低是成正比的，从服务质量入手，逐步提升客户的满意度，得到好评的概率也会随之不断提高。

作为客服人员的服务对象，客户是服务质量的直接感知者，当服务质量达到甚至超出客户的预期时，客服人员往往能够获得到认可，得到好评；而服务质量低于客户预期时，等待客服人员的则极有可能是质疑和差评。

从中不难看出，客服人员的服务质量，会对客户的感受和判断产生非常直接的影响，而且其影响力十分巨大。下面，就介绍几种能够帮助客服人员赢得好评的技巧。

1. 热情接待客户

在顾客光临的时候，客服人员需要表现出自己如火般的热情，让客户感受到自己是很受欢迎的。在这种心理作用的影响下，客户往往会更愿意与客服人员进行沟通，而且会对客服人员产生比较积极而良好的印象，由此为做出好评做好铺垫。

2. 及时而准确地回应客户

当客户提出与产品相关的问题时，说明他们希望对产品增加一些了解，以确定产品是否有用或是物有所值。这个时候，客服人员应该及时地进行解答，并给予客户适当的建议，这会让客户认为客服人员确实只在为自己考虑，因此会对客服人员产生更多的信赖和认可，增加给出好评的可能性。

3. 认真倾听客户的抱怨

对于产品，每个人都有不同的看待方式和认知角度，所以总能从中看出不一样的"缺陷"，当客户抱怨产品或服务时，客服人员要认真倾听，以便从客户的话语中找到矛盾所在，并以此作为突破口，逐渐化解客户的不满情绪。当客户能够以平和的态度去表达观点时，他对客服人员的评价一定低不了。

4. 重视售后服务

将一件产品销售给客户之后，并不意味着客服工作已经做完，售后服务工作同样是十分重要的。客服人员可以定期地对客户进行回访，通过与客户的沟通，了解产品的性能和使用情况等，以及客户的使用体验和对产品的评价。了解这些信息，对于产品和服务的改进、提升都有重要的意义。更重要的是，客户会因为客服人员所做的努力而给予相当的好评。

客户服务质量的提升，是一个全方位的综合性工程，需要长期而坚持不懈的努力方可达成。唯有不断认识自己的不足、提升自己的能力，才能在客户服务工作的山峰上越攀越高，最终达到别人难以企及的高度。在服务质量提升到一定的程度之后，客户的好评将会源源不断地涌来，让客服人员亲身体会服务质量提升给客户及自己带来的种种益处。

[重点回顾]

　　1. 客户服务质量较高的客服人员，更容易获得客户的认可和信任，更容易得到客户的好评。

　　2. 客户服务质量的提升，需要一个长期的过程，需要坚持不懈的努力和磨砺，更需要将各种影响服务质量的因素综合起来，只有全面提升，才能看到提升的效果。

因人而异，不同类型客户的应对技巧

在工作过程中，客服人员会遇到形形色色的客户，应该根据客户的不同特点，采取相应的接待技巧，以最大限度地提升客户满意度，为赢得好评创造良好的条件。

在日常工作中，客服人员总要与形形色色的客户打交道。每个客户都有自己的特点和要求，即便是购买同一样产品，各自的诉求也可能有所不同。这就要求客服人员能够有针对性地提供服务，让客户得到更加满意的消费体验。

对于客服人员来说，因人而异地接待客户是一种十分重要的能力，也是一种十分有效的工作技巧。下面就简单介绍几种常见的客户类型及相应的接待方法。

1. 初次购物的客户

所有的客户，都有初次购物的体验，第一次的体验，往往会给人留下非常深刻的印象，如果客服人员可以让客户得到良好的购物感受，那么他很可能会变成忠实客户。由于是第一次购物，这类客户的心中难免充斥着疑虑，客服人员应该主动对其进行引导，帮助客户确定其最真实的需求，并为其提供相应的产品，这样往往可以赢得客户的信任，并因到位的服务而赢得好评。

2. 挑三拣四的客户

为了打压产品价格，有些客户会对产品挑三拣四，不是抱怨颜色不好，就是抱怨款式太旧，总之，为了获得更多的个人利益，各方面都要挑剔一下。想要赢得这类客户的好评，着实不是一件容易的事情，但是也并非没有成功的可能。在与客户沟通的过程中，一旦发现客户喜欢挑剔，就将产品存在的不足先告知对方，让对方找不到挑剔的理由，这样一来，就降低了客户给出差评的概率，而给出好评的概率也就有所提高了。

3. 非常节俭的客户

生活中总有一些十分节俭的人，总是希望将所有的花费都降到最低的程度，因此在购物的时候非常喜欢讲价。这类客户很关注个人利益，一旦产品价格达不到他们的期望，交易无法达成不说，还可能引来他们的差评。与这类客户打交道，应该尽量满足他们的合理要求，只要在自己的原则范围之内，可以答应下来；对于不合理的要求，也要坚决拒绝，以免他们得寸进尺。

4. 贪得无厌的客户

贪婪的欲望每个人都有，只是有些人表现得明显，有些人则控制得很好。贪得无厌的客户会最大限度地攫取个人利益，能占一点便宜是一点，稍有不满意，便会给出差评。对于这类客户，客服人员应该灵活应对，不能无视也不能放纵，关键在于抓住他们的心理，只要让他们得到心理上的满足，往往能够赢得他们的欢心，为他们给出好评奠定基础。

人与人之间存在着差异，用同一种技巧去应对所有的客户，显然是不现实的。只有掌握不同客户群体的不同特点，再根据他们各自的诉求去进行良好的沟通，并为客户带来优质的体验，才能增加赢得好评的概率。

[重点回顾]

1. 客户的类型不同，应对的方式和技巧也应该有所不同，因人而异的客户服务，会让客户感觉更加舒心，能够提高得到好评的概率。

2. 想要因人而异地提供客户服务，需要客服人员对客户有深刻的认识和了解，这对客服人员的识人能力提出了很高的要求。

拓展练习

认真阅读下列陈述，判断其是"对"还是"错"。

1．瑕疵对产品的品质有所影响，所以不能让客户知道，不然客服人员很难得到好评。

2．诚信的人总是更受人信任和欢迎，作为客服人员，就应该对客户知无不言，言无不尽，这才是为客户负责的表现，才是赢得好评的基础。

3．客户对产品的期望，无非是产品能够给他们带来的使用价值而已，很容易让他们得到满足。

4．客户的期望越能得到满足，对客服人员的评价便会越高。

5．能够为客户及时解决问题的客服人员，通常比较受客户欢迎，也能得到客户较高的评价。

6．耐心地为客户解决问题，这是客服人员的职责所在。

7．客户服务质量对客户的消费体验有着重大影响，客服人员应该不断提升服务的能力和水平。

8．每位客户对服务质量的认知和评价并不同，所以没有必要对每位客户都提供高质量的服务。

9. 客户是上帝，他们提出的要求，客服人员必须全部满足，才能得到好评。

10. 针对不同的客户，提供相应的客户服务，针对性强，客服人员更容易得到客户的认可。

相关案例

嘟嘟在一家自行车专卖店做销售员，因为服务比较周到，时常得到客户的好评。

一天，一位年轻的小伙子走进专卖店，嘟嘟急忙迎了上去。

"您好，先生！看看自行车吗？"嘟嘟很热情地说。

"嗯，想买辆自行车骑着上下班。"小伙子很坦率地说。

嘟嘟发现这个小伙子很直爽，感觉沟通起来应该很轻松，买车应该也很痛快。

"骑自行车上下班好啊，既环保又锻炼身体。不知道您公司离家有多远？"嘟嘟问。

"十公里左右吧！"小伙子的回答很简洁。

"这个距离骑车倒很合适。不知道您对自行车有什么要求？是想要速度快点的？还是平稳性更高一些的？"

"上班还是需要控制时间的，最好是速度和平稳性都很好的。"

"您考虑得还挺周到。那我给您推荐这一款吧！"嘟嘟边说边带着小伙子来到一辆自行车前。

"质量可靠吗？"小伙子有些不放心。

"质量没有问题，我自己平时就骑这款车上班。已经骑了一年多，都没怎么修理过。"嘟嘟很诚恳地说。

"怎么？你也骑车上班？"小伙子有些惊讶地问嘟嘟。

"是啊，坐车要倒车，骑车既节约时间又锻炼身体，一举两得。"嘟嘟乐呵呵地回答。

"我也是这么想的，那你一般骑多长时间到公司呢？"小伙子接着问。

"我住的地方离这里有个五六公里，一般十多分钟就到了。骑车嘛，还是要注意安全，也不能骑得太快。要是您骑这辆车，半个小时左右，怎么也到公司了。"

"那还是可以的。这辆车的变速器怎么样？"

"变速器质量还不错，27段变速，平时骑行足够了，用起来也比较顺畅，上坡的时候非常省力。"

"那售后怎么样？出现问题的话维修点多吗？"

"咱们这是著名品牌，有问题直接到专卖店就可以维修。"

"这么说整体还可以啊，我第一次买自行车，对专业知识不是很了解，谢谢你给我解答了这么多问题啊！"

"不用客气，这是我应该做的。您可以骑上试一下，亲自体验一下。"

"好，那我试一下。"

小伙子骑了几圈，感觉确实不错，于是骑回嘟嘟身边。

"感觉还不错，就买它吧，以后如果有什么问题，我还来找你。毕竟你骑车比我久，有些东西我还得向你请教呢！"小伙子的语气十分客气。

"请教谈不上，如果自行车有什么小故障，我倒是可以给您一些建议。您愿意的话，可以加我微信，我时常参加一些骑行活动，如果您有兴趣，咱们可以一起去。"

"这样啊，那太好了，我正想交些喜欢骑行的朋友呢！"

就这样，嘟嘟和小伙子互加了微信。嘟嘟不仅邀请小伙子一起参加骑行活动，还时常向小伙子询问自行车的使用情况及骑行体验等，小伙子对嘟嘟的服务感觉十分满意，又介绍了很多朋友到嘟嘟那里购买自行车。

从最后的结果不难看出，嘟嘟的客户服务是十分成功的，他不但得到了小伙子的好评，还拓展了自己的业务，为自己带来了实实在在的经济效益。

快问快答答案

1. 错　2. 错　3. 错　4. 对　5. 对　6. 对　7. 对　8. 错

9. 错　10. 对

APPENDIX
附录

客户价值是客户服务的源头所在

企业之所以重视客户服务工作，其原因在于客户对于企业具有十分重要的价值。那么客户价值都有哪些呢？下面就一一陈述一下。

1. 客户为企业创造利润

对于企业拥有者来说，利润是其不断追求的目标，而利润的来源，则是客户购买产品所带来的收益。为了获得更多的利润，就必须为客户提供卓越的服务，以此刺激客户持续不断地购买产品。

2. 客户为企业提升质量提供了思路

客户在使用产品之后，总会有这样或那样的意见，这些意见对于企业提升产品质量具有重要价值。通过客户服务人员的工作，企业可以了解有用的信息，把握客户的消费心理及模式等，这些都将为企业下一步的发展提供相应的数据支持。

3. 客户为企业创造了机遇

通常而言，客户都具有强烈的从众心理，如果一家企业拥有众多客户，那么很多新客户就会跟随而来。每增加一个客户，就意味着多了一份利润，对于企业而言，这是不断发展壮大的基础，而这个巨大的机遇，是所有客户共同创造出来的。

4. 客户创造了新的市场

一个拥有众多忠实客户的企业，往往可以占据较大的市场份额，而市场份额本身就代表着企业的良好形象。在企业形象力的影响下，客户会更加愿意选择该企业的产品，这为企业开辟新的市场奠定了坚实的基础。对于企业来说，只有提供更加优质的、令客户满意的服务，才能赢得更多的忠实客户，从而为进一步扩大市场创造条件。

5. 老客户为企业带来新客户

企业想要不断发展，就要不断开发新的客户，发掘新的市场。一方面，如果一家企业能够为客户提供优质的服务，得到客户的认可，那么客户就会将该企业的产品推荐给自己的亲人、朋友等，这样一传十、十传百，企业的信誉在无形之中就提高了许多。另一方面，企业在不断为客户提供优质服务的过程中，还能逐渐摸索出一套适合自己的服务体系，通过这套体系，也可以开发更多的新客户。

总而言之，客户价值对于企业的发展具有不可替代的重要作用。毋庸置疑，没有了客户，企业就失去了存在的基础，更不要妄想创造更多的利润和价值了。正是因为认识到了客户价值的重要性，许多企业才十分重视自己的客户服务质量，希望通过高质量的服务来获得客户的认可，依靠客户的力量来扩大企业的影响力，为企业的发展壮大奠定基础。

人际关系是影响客户服务质量的重要因素

在影响客户服务质量的诸多因素中，客服人员的人际关系往往不被重视，但是其所起的作用，却超出很多人的预想。

在工作的过程中，客服人员不仅要与客户进行良好的沟通，还要与同事保持融洽的关系，只有在一个关系良好的团队中，客服人员才能得到应有的支持，才能在团队成员的帮助下更好地完成自己的工作。如果客服人员的人际关系不好，他自然无法得到想要的支持，这会对他的心情产生不好的影响，以这样的状态投入工作，其结果可想而知。

想要在团队中建立良好的人际关系，客服人员应该做到以下几点：

1. 加强工作场所中的沟通

工作场所中的沟通，不仅包括传达工作指令、报告工作情况、讨论工作进度等必须完成的工作沟通，还包括聊天、开玩笑、打招呼等非正式的沟通手段。只有加强各种沟通，才能更好地联络感情，提升人脉，为做好工作创造和谐的团队关系。

2. 及时排解不良情绪

在工作的过程中，难免会遇到一些不顺心的事情，情绪多多少少会出现一些波动。无论不顺心的事情是由客户引起的，还是由同事引起的，都不应该过于计较，而要及时将不良的情绪排解出去，以免对他人乃至整个团队造成影响。

3. 巧妙化解矛盾

人与人之间相处，总会出现一些误会或摩擦。当出现矛盾的时候，争吵不仅对解决矛盾无益，反而会令两个人的关系变得更加紧张。如果可以巧妙地化解矛盾，在表现自己宽容大度的同时，也给了双方继续合作的良好机会，对建设良好的人际关系是大有裨益的。

4. 多多体谅有困难的同事

生活注定不会是一帆风顺的，在某些时候或是某件事情上，每个人都会遇到这样那样的困难。当同事遇到困难的时候，应该表示体谅甚至是出手相助，这样的话，当我们自己遇到困难的时候，相信同事们也会体谅我们的。这将使团队树立起团结互助的良好风气，对整个团队都有促进作用。

5. 与同事进行深入的交往

在很多人看来，工作只是谋生的手段而已，同事也不过是点头之交，很难成为真正的朋友。这就使得同事之间的交往非常浅薄，很多人甚至仅仅通过外表就去判断同事的好坏，这种判断难免有失偏颇。对同事的错误认知，使得人际交往变成一纸空谈，良好的团队关系更是无从谈起了。

从上述几点可以看出，客服人员之间的交往存在不少的问题，但是只要愿意从根本上解决问题，从细节方面入手，一点点地改变自己的观念，创建良好的人际关系并非可望而不可即。

客服人员应该注意提醒自己，良好的人际关系可以让自己在一个舒适的环境中工作，舒适环境所带来的舒适感和良好心情，将会有助于客服人员更好地与客户进行沟通，更高效地完成客服工作。

POSTSCRIPT
后记

客服人员需要不断提升自我

　　无论是刚刚进入客服行业的职场新人，还是已经在客服行业摸爬滚打多年的职场老人，都需要在工作的过程中不断提升自己的工作能力，以便适应不断变化的市场，为自己创造更多的价值，赢得更多的展示机会。

　　想要不断地充实和提升能力，客服人员可以借鉴以下几种方法：

1. 积极参加培训

　　很多公司都会定期或不定期地进行培训，培训的内容包括专业知识、市场变化、客户需求等。对于客服人员来说，参加培训是学习相关知识和了解市场行情的极好方式，对于提升个人能力会有很大的帮助。

2. 向前辈取经

　　在工作过程中，客服人员需要面对很多复杂的局面，在面对一些并不熟悉的局面时，可以向前辈多多请教，他们的经验会对你有所帮助，让你少走弯路。

3. 阅读相关的杂志、书籍等

　　在工作之余，客服人员应该阅读一些与客服工作相关的杂志、书籍、报纸等，从阅读中获取养分，以不断完善自己的知识体系，逐步提高自己的知识储备，并努力将理论知识运用到实践之中，尽力达到理论和实践完美融合的程度。

4. 向客户讨教

有些客服人员可能会觉得，向客户讨教产品的知识，会显得自己很不专业，令客户对自己产生不满的情绪。实际上，客户对产品有更深刻的使用体验，向他们讨教是为了更多地了解产品，只要方式得当，客户非但不会反感，反而会乐于传授经验。

5. 从生活中寻找学习的机会

对于客服人员来说，并不是只有在工作场所中才能提升自身的能力。在生活中遇到一些事情的时候，同样可以运用自己工作中的一些技能来帮助别人解决难题。比如，朋友和别人发生矛盾的时候，我们可以试着调和，这样可以提升解决危机的能力。

6. 学习优秀同行的经验

人们常说同行是冤家，总是处在敌对的状态，从竞争的角度上来说，这句话确实很有道理。可是话又说回来，正是为了赢得竞争，我们才要从同行那里学习有益的经验，以此提升自己，增强自己的竞争力。

7. 注意观察和总结

在工作的过程中，客服人员应该进行积极的观察，通过观察，可以发现产品的特点或了解同事是如何为客户提供服务的。观察之余，客服人员应该进行适当的总结，整理出一套适合自己的行之有效的方法，以便为客户提供更加优质的服务。

对于客服人员来说，知识和技能的提升不仅是一个长期的过程，更是一个不断变化的过程，因为不同的客户会有不同的需求，想要让每一位客户都满意，就要不断地去适应他们，满足他们独特的需求。所以，为了更好地服务于客户，为了获得客户更多的认可，客服人员就应该提高对自己的要求，时刻提醒自己不断提升自我，创造更大的个人价值。

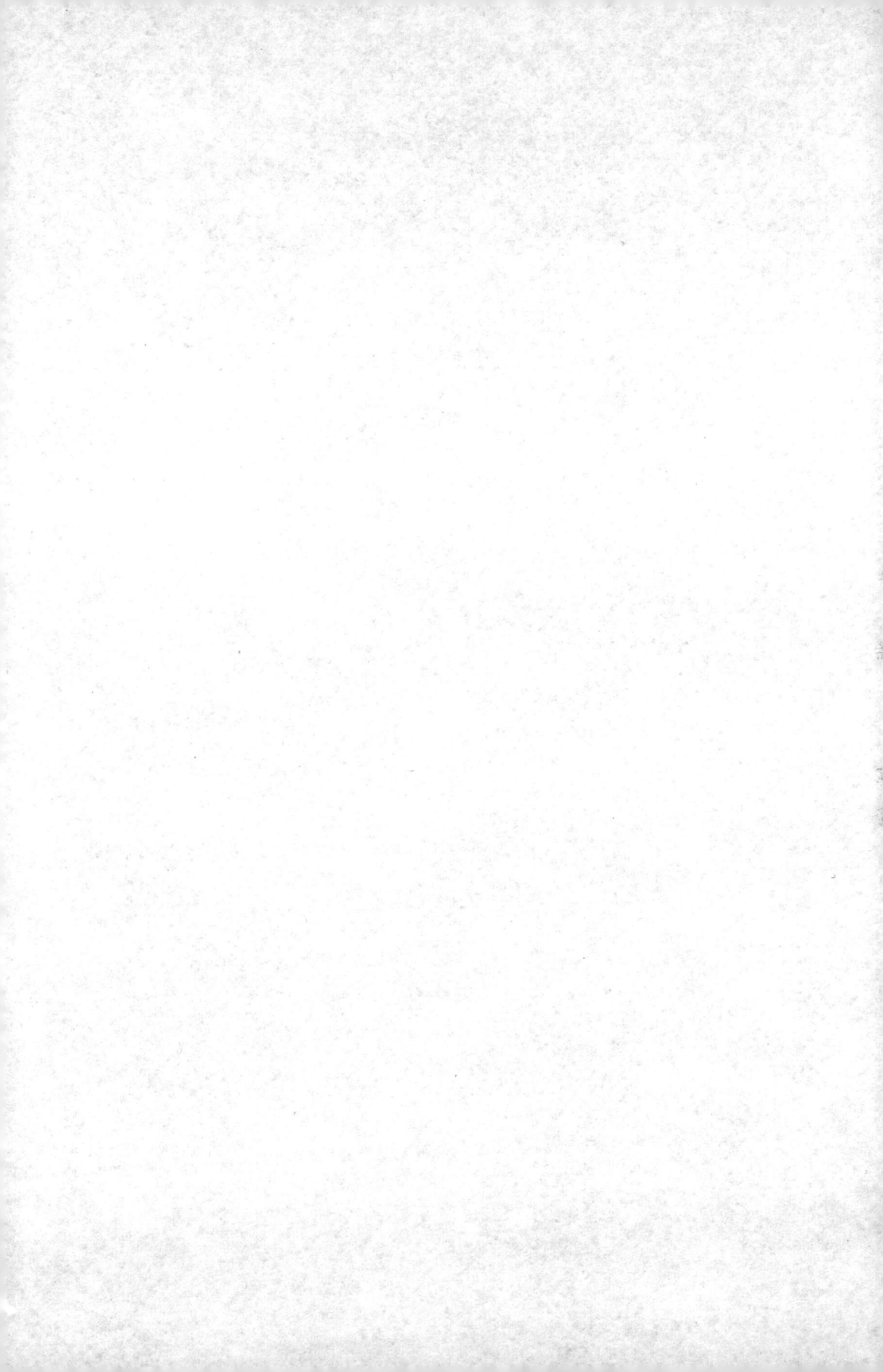